日吉台地下壕
大学と戦争

阿久澤武史
都倉武之
亀岡敦子
安藤広道

高文研

◇――はじめに

横浜市港北区日吉は川崎市に隣接し、東急東横線の急行で渋谷まで約二〇分、横浜まで約一〇分、都心から離れた落ち着いた街である。駅の改札を抜けると、右手は慶應義塾大学のキャンパスとなり、銀杏《いちょう》の並木がまず目に入る。左手は商店街で、駅を起点に道路が放射状に伸びる。かつてこの一帯は畑と雑木林の丘であり、昭和の初めに「日吉台」の名のもとに分譲地として開発され、次いで大学のキャンパスが開かれた。

銀杏は春に若葉が萌え、夏に翠《みどり》を深め、晩秋は見事な黄葉となる。キャンパスには門がない。並木は大学生や高校生が教室に向かう道であるとともに、地域の人たちの生活の道でもある。

戦後の四年間、ここは米軍に接収された。構内には英語の看板が立ち、米軍のジープやトラックが行き来した。戦時中は帝国海軍が校舎を使い、将校や兵士がここを歩いた。空襲で校舎が燃え、街が燃えた。寄宿舎（学生寮）には連合艦隊司令部が入り、地下には分厚いコンクリートに包まれた軍事施設が作られた。学生が学ぶ場は学生を戦場に送り出す場となり、多くの学徒が帰らぬ人となった。戦争に負け、海軍が去り、日吉の丘には総延長五キロメートル以上に及ぶ地下軍事施設群が残された。私たちはそれを「日吉台地下壕」と呼んでいる。

キャンパスの、そして街のシンボルである銀杏並木を歩き、時間を現在から過去にさかのぼる時、どのような風景が現れてくるのだろうか。

本書のタイトルは「日吉台地下壕」、副題を「大学と戦争」とした。キャンパスの戦争遺跡を通して、ここで起こった出来事、ここにいた人々、ここに関係する事柄を、時間と空間を超えて検証したいと考えている。それは戦争遺跡の保存と教育的活用という今日的な課題にも深くかかわる。

本書の執筆者四名は、日吉台地下壕保存の会の会員、支援者である。市民の会として一九八九年四月に発足してから今年で三五年目を迎えた。日吉台地下壕の研究は、市民の粘り強い努力によって積み重ねられてきたところに特色がある。本書の「I　日吉台地下壕の概説と研究史」、「II　日吉の帝国海軍―連合艦隊司令部と軍令部第三部」（ともに阿久澤武史）は、その成果を可能な限り反映させたものである。

「III　慶應義塾と戦争―学生たちは何を考え、何が残されたか」（都倉武之）は、戦時下の学徒の心の内を見つめたものである。都倉は慶應義塾福澤研究センターの「慶應義塾と戦争」アーカイブ・プロジェクトに長く携わり、その成果の報告にもなっている。

「IV　特攻隊員・上原良司の足跡をたどって」（亀岡敦子）は、そのタイトルが示すように特攻出撃した学徒・上原良司の素顔に迫る試みである。亀岡は長い年月にわたり、良司の親族と個人的な付き合いを続け、「上原家」という家族の視点を大事にしてきた。信頼関係の中でこそ見えてくる事実がある。その意味で亀岡の研究態度は注目に値するものと言える。

「V　日吉、鹿屋、そして沖縄―地下壕がつなぐ歴史」（安藤広道）は、沖縄戦における特攻作戦を通して、日吉（司令部）と鹿屋（前線）との関係を考えるものである。安藤には戦跡考古学による日吉台地下壕の調査研究もあり、鹿屋の第五航空艦隊司令部壕の詳細も明らかにされる。

「Ⅵ　教育資源としての日吉台地下壕」（阿久澤武史）は、大学・高校における教育実践の報告である。戦争遺跡の教育的活用の意義と今後の課題を示した。

現在、日吉台地下壕は国内を代表する戦争遺跡のひとつとして広く知られるようになっている。唯一入坑可能な連合艦隊司令部地下壕は、日吉台地下壕保存の会のガイドによる見学会が行われ、コロナ禍以前の二〇一八年度には実施回数四八回、見学者はのべ二七三一名を数えた。保存の会作成の小冊子はあるものの、より踏み込んだ内容を、より多くの人に知ってほしいという気持ちを強く抱くようになった。特に若い世代に対して、である。そうした思いは、二〇二二年二月二四日に始まったロシアのウクライナ侵攻によって、さらに強いものとなった。

ウクライナの人々が地下壕に避難する映像がニュースに繰り返し流れ、日吉の地下壕の漆黒の闇が、遠い過去の戦争の残像ではなくなった。地下壕を見学する前の事前学習の一助として、見学後にさらに学びを深める手引きとして、本書が若い世代の人たちに読まれることを願っている。

慶應義塾福澤研究センターは、日吉キャンパスでオムニバス形式の授業「近代日本と慶應義塾」を開講している。今年の五月一六日には上原登志江さんをお迎えし、兄である良司と御家族の思い出を語っていただいた。その時に口にされた「戦争で普通の家庭がめちゃくちゃになってしまった」という言葉が、強く印象に残っている。上原家は長兄（良春）と次兄（龍男）を含む三人の男子を戦争で亡くした。現代を生きる大学生の胸に、この言葉はどのように届いたのだろうか。

そこで語られたのは、アジア・太平洋戦争の全体を学術研究として俯瞰《ふかん》する客観的な視点ではない。一家族という小さな「点」から浮かび上がる「戦争」の実相である。それは決して小さな「点」ではなく、残された者にとっては大きな「点」である。

本書は横浜市港北区日吉という場所（地域／地点）から戦争を考える試みである。大学も街も、戦争によって「めちゃくちゃ」にされた。本書はその記録であると言ってもよい。

かつて日吉台地下壕保存の会の発足に際し、初代会長の永戸多喜雄さんは次のように述べた（『日吉台地下壕保存の会会報』第一号）。

慶應義塾の教職員有志、空襲下の日吉で生きた人々、旧海軍関係者、地域で子供たちの教育にたずさわる教師たち、きわめて穏和《おんわ》だが、平和への熱い想いを胸に秘めた周辺の市民が、一つの目的のために、この会を結成したこと自体、数年前に地下壕調査を思い立ち、細々と活動を続けてきた私たちにとっては、当初は夢にも考えなかった画期的な出来事です。

私たち四名は、「きわめて穏和だが、平和への熱い想い」を常に胸に秘めていたいと思っている。

執筆者を代表して、二〇二三年六月二三日の沖縄慰霊の日に

阿久澤　武史

もくじ

Ⅳ　特攻隊員・上原良司の足跡をたどって

■亀岡　敦子

もくじ

V　日吉、鹿屋、そして沖縄——地下壕がつなぐ歴史

■安藤　広道

Ⅵ 教育資源としての日吉台地下壕

■阿久澤 武史

装丁＝商業デザインセンター・増田 絵里

【編集：注】本書執筆にあたり新字・旧字などの基準は、基本的に以下のようにしている。
・人名の表記は、新字・旧字での表記統一はしないで、個別に判断した。
・著作物のタイトルは、発表当時の表記に従う。
・大学などの固有名詞は、現在の正式名称とする。
・戦争中の軍の部署名、施設名などは、基本的に新字にする。
・引用文中の旧字は新字にあらためる。
・必要に応じてルビをふる。

I

日吉台地下壕の概説と研究史

阿久澤　武史

1 学びの空間のロマンの夢

※日吉新キャンパス開設

慶應義塾の日吉キャンパスが開校したのは、一九三四年五月一日のことである。この日、文系三学部（文・経済・法）の予科第一学年、約一〇〇〇名の授業が始まった。三田、四谷（現在の信濃町）に続く慶應義塾三番目のキャンパスとしての「日吉」の、はじまりの日である。

一九二三年九月一日の関東大震災によって三田は大きな被害を受けた。幕末に福澤諭吉が学塾を開き、三田に移転したのが明治四（一八七一）年、慶應義塾はその発展とともに塾生の数も増加し、敷地・設備ともに限界に達していた。こうした中で予科などの移転が検討され、東京郊外に理想の地を求めた結果、選ばれたのが日吉の丘であった。

日吉台は土地高燥眺望開闊《かいかつ》、青少年子弟の教育に最も好適の地にして、其至良の環境の中に完備せる校舎並に寄宿舎を建築し運動設備を整へ大学予科其他を之に移して理想的学園を建設する（「日吉建設資金募集趣旨書」）。

日吉台は多摩丘陵の東南端に位置し、眺望はるかに開け、遠く奥多摩や丹沢の連山、その先に富士を望む。都会の喧騒を離れた「至良の環境」に最新の設備をもった校舎や施設を建設し、「青少年子弟」の教育を行う。慶應義塾の未来を拓く「理想的学園」にふさわしいキャンパスが、田園風景の広がる日吉の地に生まれたのである。

旧制の大学予科は、学部本科に進むための予備教育を行う課程であり、修業年限は三年、現在の大学の教養課程に相当する。入学資格は旧制中学（五年制）の四年修了以上であり、年齢は一七歳から一九歳（四年修了の場合は一六歳から一八歳）、その上の本科は三年（医学部は四年）であった。一九二八年八月に東京横浜電鉄株式会社（現・東急電鉄）から日吉台の土地七万二千坪の無償提供の申し入れがあり、これを含めた約一三万坪（約四三万平方メートル）に及ぶ広大な敷地に新しいキャンパスが作られることになった。

※田園都市構想に添ったキャンパス設計

その全体設計を担当したのは、近代日本を代表する建築設計事務所であった曾禰中條建築事務所である。現在のキャンパスを代表する景観は、駅から一直線に伸びる銀杏《いちょう》並木であろう。これがキャンパスの中心軸となり、ゆるやかな勾配を上りきると欅《けやき》の並木が直角に交差し、中央の中庭（記念館前広場）をはさんで左右対称に二つの校舎が向かい合う。右が第一校舎、左が第二校舎である。それぞれ八本の円柱からなる柱廊を有し、白い外壁とあいまって、まるでギリシア神殿のような佇《たたず》まいを見せる。正面中央にはやはり列柱をもつ大講堂を建てる予定だったが、一九三七年の日

①日吉台慶應義塾大学全配置計画図
（慶應義塾福澤研究センター蔵）

中戦争勃発による資材不足などの理由で実現に至らなかった。現在、ここには一四本の白い柱が並ぶ新築の日吉記念館が建っている。銀杏並木の途中には、一周四〇〇メートルのトラックと観客席をもつ陸上競技場があり、これら全体でキャンパスのグランドデザインが形成される。田園都市構想で開発された日吉の街は、駅を起点に直線道路が半円の放射状に広がり、キャンパスの基本設計はこれと一体になっている。（写真①）

慶應義塾と曾禰中條建築事務所との関係は深く、三田の図書館（一九一二年）、大講堂（一九一五年）、塾監局（一九二六年）、医学部の予防医学校舎（一九二九年）など、明治末から昭和初期にかけての記念碑的な建築を多く手掛けている。「理想的学園」の建設にあたって、その最初の校舎（第一校舎）の設計を担当したのは、新進気鋭の建築家・網戸《あみと》武夫であった。網戸はのちに独立し、戦後はＧＨＱの家族用住宅（ワシントンハイツ）の設計を皮切りに、数多くの集合住宅や企業ビルの他、石原裕次郎や長嶋茂雄など著名人の住宅も設計し、戦後日本の近代住宅建築に大きな足跡を残した。その最初の作品が慶應義塾大学予科第一校舎であり、この時二八歳であった。

第一校舎は鉄筋コンクリート造三階建、外壁はコンクリート素材そのままに白色セメントスプレーの吹付け仕上げにし、明るく清潔な印象を与える。校舎西側中央には四本の円柱をもつ正面玄関を配し、校舎北側は中庭広場をはさんで第二校舎と向き合い、八本の列柱からなる柱廊を形成する。白い箱型のモダニズム建築を基調としながら、クラシカルな列柱が建物全体に重厚な趣を作り出す。網戸はのちに回想して「近代合理主義の激流に抗して、鉄筋コンクリート架構がヒューマニズムに昇華する願い」を込めたと述べている（「曽禰達蔵と中條精一郎」）。第一校舎はモダニズムと古典主義が融合した昭和初期を代表する学校建築であると言ってよい。（写真②）

②現在の第一校舎列柱廊（慶應義塾広報室提供）

正面玄関に向かって左端、校舎西側の左翼に当たる二階部分の外壁には、正方形のコンクリートパネルがある。中央にペンの校章を幾何学的に象《かたど》り、その上下に直線の図柄が並ぶ。左に「１９３４」（西暦）、右に「２５９４」（皇紀）が刻まれ、校舎の竣工年を表す。パネル全体の意匠は、当時世界的に流行していたアール・デコである。建築史家の吉田鋼市は、現存する日本の代表的な五〇のアール・デコ建築の一つに第一校舎を選び、このパネルを紹介している（『日本のアール・デコ建築入門』）。その下の一階部分の台座には、コンクリート製のカップ（壺）型のモニュメントがあり、世界地図が彫られている。古代ギリシャに源流をもつ古典主義の様式は、一般に「威風」「秩序」「永遠」「知性」を表すと言われ（藤森照信『日本の近代建築（上）』）、それは古今東西の学問を学び、豊かな人間性を育む場としての大学校舎にふさわしい。若き建築家・網戸武夫の「ヒューマニズムに昇華する願い」は、この校舎ならびにキャンパス全体のグランドデザインの根幹を形成し、彼はそれを「学びの空間のロマンをと希《ねが》った原案の夢」と表現している（『情念の幾何学』）。（写真③④）

※理想的学園の急激な変転

日吉開設の前年（一九三三年）には小泉信三が塾長に就任し、「理想的学園」建設の一大事業を実現へと導いた。第一校舎の竣工は一九三四年三月で、授業の開始は五月一日であった。その後、陸上競技場やテニスコート、学生食堂「赤屋根」も完成、一九三六年二月には第二校舎が竣工し、医学部予科の授業も始まった。その翌年の八月にはキャンパス最南端の台地に学生寮である日吉寄宿舎が完成し、ここに「理想的学園」の形が整えられた。

しかしながら、その「理想」の期間はあまりにも短かった。開校から一〇年後の一九四四年三月には、海軍の軍令部第三部が第一校舎に入り、九月には連合艦隊司令部が寄宿舎に入った。やがてキャンパスのみならずその周辺に全長五キロ以上に及ぶ巨大な地下軍事施設群が作られた。「日吉」が直面したこの急激な変転に、私たちはどのように向き合えばよいのだろうか。

予科の教育の特徴は、語学教育にあった。文・経済・法学部の英語および第二外国語（ドイツ語

③アール・デコのレリーフ（筆者撮影）

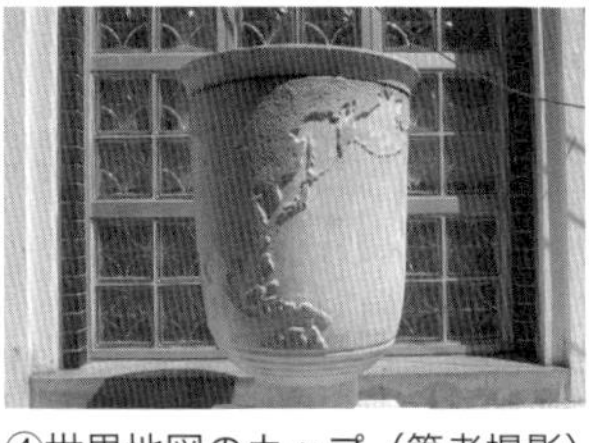

④世界地図のカップ（筆者撮影）

もしくはフランス語）の時間数は、全体の約四割となる。これは慶應予科に限らず、旧制の高等学校や他大学予科に共通する特徴で、外国語教育を核とするカリキュラムは、この時期の教養主義的な学校文化の土台になっていた。一九四一年の全国の大学の数は、帝国大学七校、官・公立大学一四校、私立大学二六校であり、大学進学率はわずか二％、大学予科・旧制高校・専門学校などを加えても約三％にすぎない。大学生はまさにエリートであり、そうした意識もまた彼らの教養主義的志向を強く支えるものであった。この場合の教養は、哲学や文学・歴史などを通して自我を確立し、理想的な人格の完成を目指す人格主義と言い換えることができる（竹内洋『学歴貴族の栄光と挫折』）。岩波文庫を通して西洋の文学や哲学にふれ、音楽を聴き、外国映画を好んで観た。語学教育は「世界」に向けて開かれた窓であり、彼らの知的興味は外へ外へと向かっていた。

校舎前に置かれた「世界地図のカップ」は、ここで学ぶ若者に世界に向けて羽ばたいてほしいという願いが込められていると思われる。だが時代は急速に戦争へと向かい、学生が学ぶ場は学生を戦場に送り出す場になってしまった。一九四三年一一月一九日には陸上競技場で予科の出陣学徒五百余名の壮行会が行われ、翌四四年三月には軍令部第三部（情報部）が第一校舎に入った。学問を通して「世界」に向けて開かれていた教室は、帝国海軍が世界中の情報を収集し分析する場になった。ここでの「世界」は「敵国」と同義である。「青少年子弟の教育」のために「理想的学園」の建設を目指し、気鋭の建築家が「学びの空間のロマンの夢」を描いた新キャンパスは、学生ではなく軍人が行き交う場所になったのである。

2 キャンパスに来た海軍

※色濃くなる軍国主義

作家の堀田善衞が慶應義塾大学法学部予科に入学したのは、一九三六年四月であった。自伝的小説『若き日の詩人たちの肖像』には、当時の予科をとりまく時代の空気が描かれている。この年、二・二六事件が起き、結果的に軍部が政治的な力を強め、翌年、泥沼の日中戦争が始まった。学生の左翼的な活動に対する取り締まりも厳しくなり、ドイツ語の授業中に級友が警察に連行されるという出来事が記される。治安維持法による学生の検挙は、いわゆる「学生狩り」まで含めれば数限りなくあった時代である。予科はなおリベラルで知的な雰囲気を失わずにいたが、時代は確実に軍国主義の色を濃くしていった。ヨーロッパではナチス・ドイツが台頭し、一九三九年に第二次世界大戦が勃発、翌四〇年には日独伊三国同盟が結ばれた。

作家の安岡章太郎が文学部予科に入学したのは、堀田の五年後の一九四一年四月である。晩年の回想記『僕の昭和史』には、予科の教師や授業の他に、軍事教練や勤労動員の思い出、緊迫する国内外の情勢が語られる。安岡にとっての日吉は「鉄筋コンクリート建の兵営のような校舎がヤケに目につく」場所になっていた（『僕の昭和史』）。

⑤野外での教練に出発する予科生
（慶應義塾福澤研究センター蔵）

学校教練（いわゆる軍事教練）は、一九二五年二月に公布された「陸軍現役将校学校配属令」に基づいて制度化され、慶應予科でも配属将校の指導のもと週二時間の正課の授業とされた。キャンパス中央の広場は、教練服を着た生徒が分列行進や銃剣道を行い、匍匐《ほふく》前進で泥にまみれる場所でもあった。（写真⑤）一九四〇年一月、小泉塾長は「塾の徽章」を発表、戦時下における塾生のモラルと行動を説く。これは「塾生道徳化運動」と呼ばれ、塾長自ら先頭に立って推し進められた。

翌年八月には文部省訓令「学校報国団の体制確立方」が発せられ、慶應義塾報国隊を結成、教職員と学生・生徒が一体となって国家に奉仕する体制が整えられた。九月一五日には陸上競技場で結成式を挙行、塾生は「国家必要の役務に就く」（小泉信三「報国隊結成式訓示」）ために軍需工場での勤労に従事することになる。

　一九四一年一二月八日、陸軍はマレー半島に侵攻、海軍もハワイ真珠湾を奇襲攻撃し、アジア・太平洋戦争が始まった。慶應義塾では翌年の一月一九日から報国隊による週番制を実施、予科の生徒も交代でキャンパス入口に立ち、敬礼・服装注意・校内警備・巡察などを行った。

※学徒出陣

戦局ははじめ日本の優位で進んだが、一九四二年六月のミッドウェー海戦、翌年二月のガダルカナル島からの撤退によって大きく転換する。四三年一〇月には文科系学徒（大学の学生、予科・高等学校・専門学校などの生徒）の徴兵猶予が停止され、二〇歳以上の在校生は徴兵検査を受け、軍隊に入った。いわゆる「学徒出陣」である。

一〇月二一日に文部省主催の出陣学徒壮行会が、雨のなか明治神宮外苑競技場で行われた。日吉では一一月一九日に陸上競技場で予科の壮行会と体育祭を開催、学生新聞「三田新聞」（一二月一〇日号）によれば、最後に塾旗を振りつつ「塾歌」や応援歌「若き血」を歌い、「海行《ゆ》かば」を合唱して幕を閉じたという。

学徒出陣や勤労動員によって、教室で学ぶ学生の数が少なくなり、軍による空き教室の利用が始まった。

慶應義塾は文部省の要請を受けて、一九四四年二月一五日に三田と日吉の校舎の貸与を決定、三田には陸軍が、日吉には海軍が入ることになった。三月一〇日、海軍省と賃貸借契約を結び、第一校舎に軍令部第三部（情報部）が入った。海軍は校舎の南側部分を使い、予科は北側を使った。春休みが終わり四月に学校が始まると、校舎の半分に軍人がいた。これは在校生のみならず新入生にとっても驚きのことだったに違いない。

この年文学部予科に入学した生徒は、後年次のように回想している（柳屋良博の手記）。

屋上に無線アンテナが林立し、壁の分厚い鉄筋の校舎は、まるででっかい一隻の軍艦のように思われた。（中略）広大な陸上競技場の一隅では作業中の海軍兵士の姿を見ることがあったが、いつの間にやら第一校舎正面前には二基のコンクリート製の防空壕出入口ができ、警報が鳴ると海軍さんや女子職員の出入りする姿が見られた。

この「いつの間にやら」という言葉が印象的である。ここで学ぶ者たちの意思とは全く無関係に、いつの間にやら海軍が教室に入り、校舎内が二つに厳重に仕切られ、やがて地下には壕が作られた。この戦争そのものも、いつの間にやら好転させることが不可能な局面を迎えようとしていた。

一九四三年九月三〇日の御前会議で、政府と大本営は本土防衛の「絶対国防圏」を策定したが、これも次々に破られていく。翌年の六月にはマリアナ沖海戦で海軍機動部隊が大敗を喫し、主力空母三隻と五〇〇機近い航空機を喪失、七月にはサイパン島が陥落、大型爆撃機B29による日本本土への空襲が現実のものとなった。日吉の海軍は来たるべき空襲に備えて待避壕を作った。「コンクリート製の防空壕出入口」がそれである。

※日吉にやって来た連合艦隊司令部

連合艦隊司令部が日吉寄宿舎に入ったのは九月二九日である。寄宿舎は鉄筋コンクリート三階建の建物が三棟南向きに並び、これに浴場棟が付属する。設計はのちに文化勲章を受ける建築家・谷口吉郎で、竣工は一九三七年八月、慶應義塾幼稚舎校舎（現在の幼稚舎本館）と並ぶ昭和初期の代表的なモダニズム建築である。三つの建物はそれぞれ南寮・中寮・北寮と呼ばれ、ともに四〇の個室から成り、一人一室、室内には勉強机・ベッド・洋服ダンス・洗面台などが備え付けられていた。暖房はパネル・ヒーティング（床下暖房）で、各階には水洗トイレもあった。当時最新の設備を誇り、「東洋一」と言われた。その最大の特徴は、モダンな外観や設備だけでなく、何より個室が与えられたことである。この点で旧制高等学校に代表されるバンカラな気風の学生寮とは一線を画するものであった。浴室は中央に円形の浴槽を据え、「ローマ風呂」と呼ばれ、壁一面の大きなガラス窓の向こうには遠く川崎・鶴見方面の眺望が開けた。この清潔で快適な学生寮に連合艦隊司令部が入ったのである。（写真⑥）

⑥竣工時の日吉寄宿舎（慶應義塾福澤研究センター蔵）

このとき、連合艦隊司令長官は豊田副武、司令部は軽巡洋艦の大淀にあった。日本海軍には作戦目的や海上任務などを異にする複数の艦隊があり、それらを統合して編制されたのが連合艦隊である。連合艦隊の旗艦は長門・大和・武蔵など海軍を代表する戦艦であり、司令長官は艦隊の先頭で指揮をとるという伝統があった。戦域が広大な太平洋上に拡がり、海戦の中心が戦艦から航空機に変わると、作戦行動の全体を見渡せ、通信設備にすぐれた後方での指揮が求められるようになった。大淀は独立旗艦として東京湾の木更津沖や瀬戸内海の柱島にあったが、マリアナ沖海戦で多くの艦船を喪失、司令部専用艦として前線から遠く離れた海上に置く余裕もなくなった。こうした中で司令部を東京付近の陸上に移すことが検討されることになり、複数の候補地から選ばれたのが日吉であった。

日吉は霞ヶ関（海軍省・軍令部）と横須賀（軍港）のほぼ中間に位置し、小高い丘は無線の受信状態が良く、その地形と地盤は地下施設の構築に適していた。鉄筋コンクリートの堅固な建物である寄宿舎は多くの個室があり、司令部の執務のみならず居住空間としても最適だった。パネル・ヒーティングと展望風呂をもつ「東洋一」の学生寮は、連合艦隊の「旗艦」にふさわしい快適な住環境を提供することになった。南寮の二階の奥は長官室に改修され、参謀長・参謀副長・三長（機関長・軍医長・主計長）の部屋が続き、一階の食堂は食堂兼会議室となった。中寮一階は作戦室と幕僚事務室とし、北寮一階の食堂近くには診察室と簡単な手術室を設けた。

帝国海軍は、このようにしてキャンパスに来た。連合艦隊司令部は「海」から「陸《おか》」に上がり、「地下」に入った。それは寄宿舎の建つ丘の直下、地下約三〇メートルにある。海から陸へ、そして地下へ――。キャンパス空間としての「日吉」は、こうして敗戦までの約一年の海軍の絶望的な作戦を象徴する場所になっていく。

3 日吉台地下壕

※一大地下軍事施設群

慶應義塾と海軍省が第一校舎の一部および周辺施設に対する賃貸借契約を結んだのは、一九四四年三月一〇日であった。海軍による施設の使用は徐々に拡がり、九月には寄宿舎が全面的に使われ、翌年三月には第一校舎もほぼ全てが使用されるようになる。

これと併行して、海軍は地中深く隧道（トンネル）を掘り、分厚いコンクリートの壁を持つ軍事施設を作っていった。現在これらを「軍令部第三部待避壕」「連合艦隊司令部地下壕」「航空本部等地下壕」「人事局地下壕」と呼び、総延長距離は約二・六キロに及ぶ。これに加えキャンパスの外には、全長約二・六キロの「艦政本部地下壕」が作られた。

これらを総称して私たちは「日吉台地下壕」と呼んでいる。海軍は大学だけでなく地域社会全体を巻き込んで大掛かりな工事を行い、日吉は全長五キロ以上に及ぶ一大地下軍事施設群を有する場所になっていった（「日吉台地下壕配置図」／以下、配置図を参照）。

「日吉台地下壕配置図」（日吉台地下壕保存の会作製）

※軍令部第三部待避壕

海軍はまず「軍令部第三部待避壕」（配置図の②）を第一校舎の西側に作った。建設にあたったのは「横須賀海軍施設部第一部隊」（通称「山本部隊」、のち「第三〇〇設営隊」）である。工事は一九四四年七月中旬から開始され、コンクリート造の入り口は校舎の南西側の出入口に隣接し、内部は陸上競技場に通じた。空襲になると第一校舎の軍人や軍属が書類を抱えてここに避難した。次に作られたのが「連合艦隊司令部地下壕」（配置図の①A）である。八月一五日、一五〇〇名の兵力から成る「第三〇一〇設営隊」が編成され、九月一日から隧道の掘削に着手、連合艦隊司令部が寄宿舎に入ったのは九月二九日であったから、それより前に作業が始められていたことになる。

第三〇一〇設営隊の行動記録によれば、九月二一日に本隊が日吉に進駐、まず中寮の改修工事を始めている。地上では寄宿舎の改修が、地下では隧道工事が進められ、一〇月一三日には「海軍省第十一分室」と呼称された。日吉の連合艦隊司令部は、海軍内の作戦上の名称は「第一作戦司令所」、これを別に機密保持のために「日吉部隊」と称し、地下の施設を「海軍省第十一分室」と呼んだ。第三〇一〇設営隊は、山本部隊の協力のもと急ピッチで地上と地下の工事を進め、一一月頃には作戦室や電信室・暗号室など司令部地下壕の中枢に位置する場所の使用が始まった。この間、わずか三カ月である。

※航空本部等地下壕・人事局地下壕

その後も工事は休みなく続き、コンクリートの隧道はその距離を延ばし、海軍の主要な機関が次々に日吉に移ってきた。「航空本部等地下壕」（配置図の①B）は、現在東海道新幹線によって分断されているが、内部で「連合艦隊司令部地下壕」に接続する。ここは最初に航空本部、続いて軍令部第三部と東京通信隊が入った。航空本部は海軍の航空兵器の研究や計画、航空要員の教育などを統括し、もともと霞ヶ関の海軍省内にあったが、一九四五年五月に移転してきた。壕はキャンパス東端の丘（現在ここに慶應義塾体育会自動車部の練習場がある）を直線に貫通する形で掘られている。丘の西側は通称「蝮谷《まむしだに》」のバレーボールコートに面し、向かいには「連合艦隊司令部地下壕」の出入口がある。

二〇〇八年九月、ここで体育館（蝮谷体育館）の建設工事が始まり、三基の埋もれていたコンクリートの出入口が発見された。四次にわたる発掘調査で、出入口前面の通路などの遺構や、壕の掘削で堆積した大量の廃土が確認された。慶應義塾は体育館の建設位置を変えて可能な限りその保存に努め、埋め戻しを行った。

丘の東側の斜面はキャンパス外の民有地で、今も出入口の遺構が残っているが、二〇一三年四月の宅地造成工事でそのうちの一基が破壊された。これは戦争遺跡の保存の難しさを示す典型的な事例でもある。

キャンパスの中央、日吉記念館が建つ裏手には「人事局地下壕」（配置図の③）が作られた。人事局は軍人の人事管理にあたった海軍省の部局である。工事は海軍省の東京地方施設事務所編成の「柳瀬隊」が、民間建設業者「鉄道工業」の協力で一九四四年秋から始めた。完成は翌年二月頃で、三月の東京大空襲の前には霞ヶ関からここに移ったという。

※艦政本部地下壕

「艦政本部地下壕」（配置図の④）は、東急東横線の線路を隔てた向かい側の丘「日吉の丘公園」の真下にある。東西を一〇本の隧道で貫き、それらを南北につなぎ、全体が網の目のようになっている。艦政本部は艦船や兵器などの計画や発注などを行った。掘削工事は一九四五年一月から始められたが、物資不足でセメントもなくなった。他の四箇所の地下壕と同様、天井・壁・床の全面がコンクリートで覆われている箇所もあるが、素掘りのままの場所も多い。空襲で被災した住宅地（田園調布）の石垣などに使われていた大谷石を使用した箇所もあり、この頃になるとセメント不足が深刻だったことがうかがえる。

艦政本部は八月一五日に移転の予定だったが、敗戦となり、実際には使われることがなかった。工事を請け負ったのは民間の土木会社で、作業員の中には朝鮮人労働者もいた。壕の出入口に面した民家は、海軍によって家屋が強制的に移動させられ、掘削で出た大量の廃土が農地の上に捨てられた。日吉は地域住民がそうした理不尽な被害を受けた場所でもあった。

現在、壕は崩落の危険があるため部分的に埋め戻され、その内部に入ることはできない。

＊地下壕だけでない日吉の戦争遺跡

日吉およびその周辺の戦争遺跡は地下壕だけではない。地上の校舎や施設も戦争遺跡であり、海軍との関係を考える場合、「日吉」という地域全体を見渡す必要もある。日吉台国民学校（現・日吉台小学校）の校舎は、一九四四年九月一〇日に海軍省人事局功績調査部が接収し、校庭に直径五メートルほどの円形のコンクリート構造物を三つ作った。軍人・軍属の功績関係の資料を保管するための施設である。日吉駅から約二キロにある川崎市高津区蟹ケ谷には、海軍の東京通信隊蟹ケ谷分遣隊が置かれ、無線受信用の高い鉄塔があった。ここには四三年から翌年にかけて「耐強受信所」と呼ばれるコンクリート製の地下壕が作られた。東急東横線で日吉から横浜方面へ二つ目、大倉山にある大倉精神文化研究所（現・横浜市大倉山記念館）には、四四年九月一日に海軍気象部が入り、気象関係の仕事に従事していた。

戦争遺跡は一般に「負の遺産」と言われる。「理想的学園」をめざして作られた大学のキャンパスに、地下の軍事施設など本来存在する必要のないものである。海軍がここに来て、学問と教育の場が戦争を推し進める中心点となり、地域の人々は静かな日常を奪われた。「日吉」という土地は、こうした加害と被害の現実が交錯し、地下壕は文字通りの「負の遺産」として、いまもなおそこに存在している。

4　連合艦隊司令部地下壕

※キャンパス内に「築城」された地下施設

現在私たちは慶應義塾の許可を受けて連合艦隊司令部地下壕のみ見学することができる（「連合艦隊司令部地下壕詳細図」を参照）。慶應義塾高校の校舎（第一校舎）と高校グラウンドの間にある階段を「蝮谷」に向かって下り、途中を右に折れると、体育館（蝮谷体育館）とバレーボールコート

連合艦隊司令部地下壕詳細図

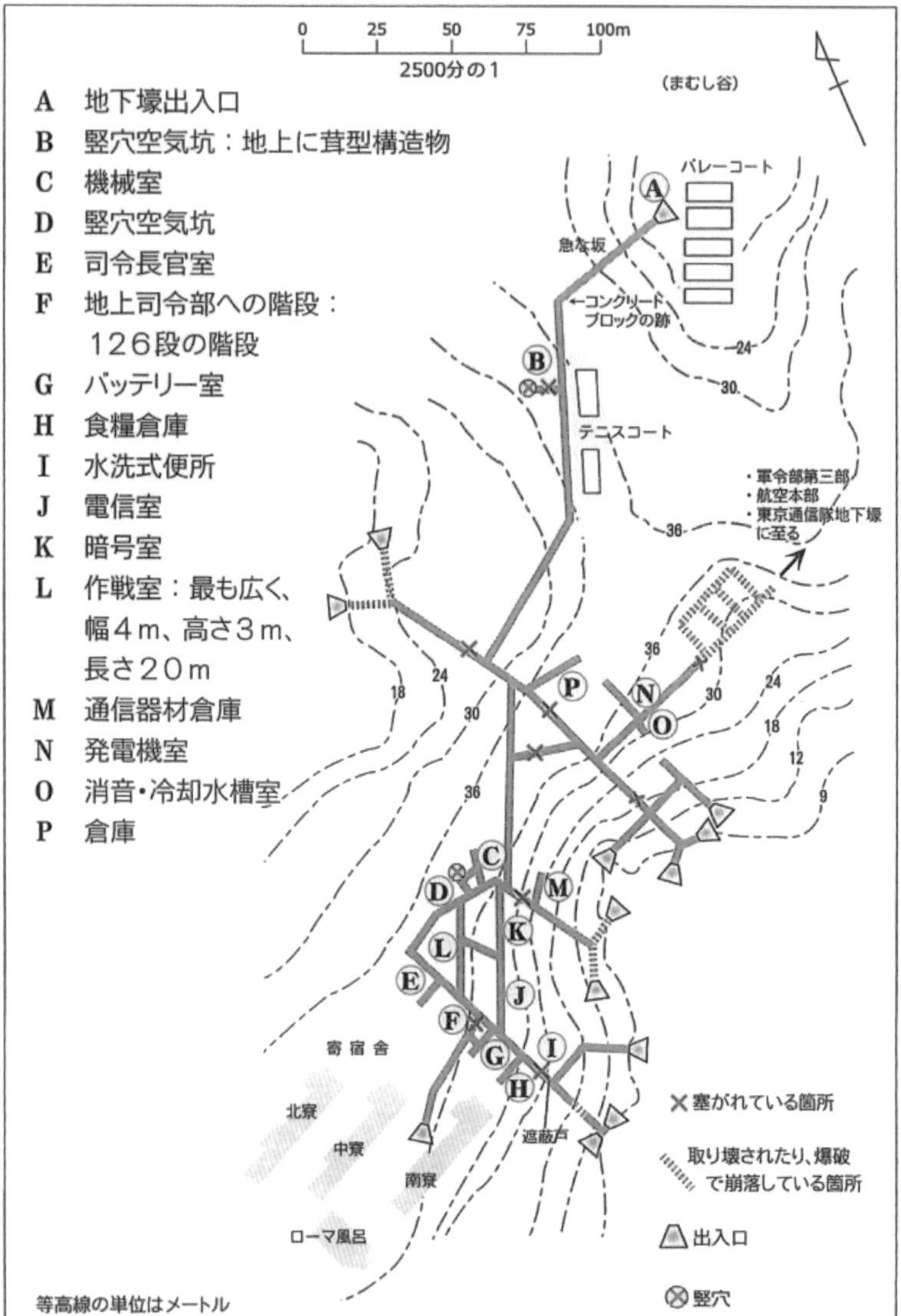

「連合艦隊司令部地下壕詳細図」（日吉台地下壕保存の会作製）

がある。壕の入り口（Ⓐ）から中へ入ると、急な下り坂となる。足元に注意しながら下りると、正面にはコンクリートブロックを抜き取った箇所があり、約四〇センチの壁の厚さを確認できる。そこを左に曲がると直線の通路となり、壕の奥へと続く。懐中電灯を消せば漆黒の闇となる。右手すぐに竪穴空気坑の跡がある（Ⓑ）。地上はキノコ型のコンクリート構造物となっており、「耐弾式竪坑」と呼ぶ。（写真⑦）

⑦耐弾式竪坑（筆者撮影）

内部には鉄の梯子があり、壕内の空気坑であるとともに非常時の脱出坑でもあった。キャンパスにはこうした竪坑が七つあったが、現存するのはここだけである。壕内の空気は自然換気によって流れ、決して息苦しくない。通路には排水溝があり、土管が埋められ、現在も壕の外に水が流れ出ている。通路は幅・高さともに概ね二〜三メートルで、天井・壁・床は厚いコンクリートで覆われる。天井はアーチ型で、一部台形や多角形の形状もある。このような地下施設の構築は「築城」と呼ばれた。壁と天井の表面には板の型枠の跡がはっきり残る。

第三〇一〇設営隊の隊長であった伊東三郎技術大尉によれば、ここは新たに開発された「Z8工法」が用いられた（「地下海軍省分室と施設系残務整理回想記」）。まず掘削した隧道に型枠を組む。次に地上から直径一〇〜一五センチの穴を開けて生コンクリートを流し落とす。

地下でそれを受けて練り直し、型枠の中に入れ、コンクリートが固まったら板をはずす。この作業を繰り返し、工期が大幅に短縮された。

通路を奥へと進み、突き当たりを左に直角に曲がると、倉庫（Ⓟ）があり、その先は航空本部等地下壕へとつながる。現在はここから先に進むことができないが、奥には発電機室（Ⓝ）や消音・冷却水槽室（Ⓞ）がある。倉庫の手前で右折すると、連合艦隊司令部の中枢部に通じる通路がまっすぐに延びる。しばらく進んで突き当りを右に折れると機械室（Ⓒ）がある。ここには機械を設置した台座が残る。さらに奥に進むと連合艦隊司令長官の個室（Ⓔ）がある。壁はモルタルできれいに塗られ、板の型枠の跡そのままの通路とは明らかに趣を異にする。当時は和室のしつらえだったと言われ、扉の跡や電気のスイッチなどの跡が残っている。長官室の隣には地上に通じる階段（Ⓕ）があり、その横に非常電源用のバッテリー室（Ⓖ）と食糧倉庫（Ⓗ）がある。階段はふさがれているが、一二六段あり、地上の寄宿舎に通じる。南寮と中寮の間にはT字型のコンクリート構造物の階段入口があったが、現存しない。連合艦隊司令部は、通常は地上の作戦室を使用し、空襲になると地下三〇メートルの空間に入った。司令長官室、地下作戦室（Ⓛ）、電信室（Ⓙ）、暗号室（Ⓚ）などが連合艦隊司令部地下壕の中枢部を形成する。（写真⑧⑨）

⑧地下壕の暗号室と電信室
（慶應義塾広報室提供）

地下作戦室は幅約四メートル、高さ約三メートル、奥行き約二〇メートルと広く、天井と壁はモルタルで塗装されている。電信室と暗号室はひと続きの空間であり、作戦室に接続する。ここも同じくモルタルが塗られ、照明は当時めずらしかった蛍光灯で、昼間のように明るかったという。電信室には約三〇台の短波受信機が並び、電信兵と暗号兵をあわせ約二〇〇名の兵が昼夜三～四交代で勤務した。地下の通信施設は二四時間フル稼働で遠く離れた前線とつながり、ここで各地の基地や艦船、航空機からの通信を受信していた。モールス信号で送られた暗号文を暗号兵が読み解き、作戦室に報告した。

地下壕の出入口は複数箇所あるが、基本的にT字もしくはY字の構造になっている。出入口が一つであれば爆撃を受けた際に爆風が壕内に一気に入るが、二つであれば片方に抜け、内部の被害を抑えることができるからである。

⑨地下壕の作戦室。左は暗号室・電信室への通路（慶應義塾広報室提供）

※陸《おか》に上がった連合艦隊司令部

連合艦隊司令部が日吉に来たのは、サイパン陥落後の一九四四年九月二九日であった。一〇月にはフィリピンのレイテ沖海戦で海軍は武蔵を含む戦艦三隻と空母四隻を失い、壊滅的な打撃を受けた。この時、神風特別攻撃隊が初めて出撃、以降特攻が繰り返されていく。一一月二四日にB29が東京を初空襲、翌年の三月一〇日、東京大空襲、同二六日、硫黄島陥落、四月一日には米軍が沖縄本島に上陸する。多くの住民を巻き込み、沖縄戦は六月二三日まで続いた（二二日説もあり）。四月一五日、川崎大空襲、五月二九日、横浜大空襲、日吉も四月から五月にかけて三度の空襲を受けた。

連合艦隊司令部は海から陸《おか》に上がり、地下三〇メートルの中にあった。資材が不足する中でも膨大な量のセメントを使い、厚さ約四〇センチのコンクリートに覆われた完全に守られた空間である。壕内は換気（風速毎秒一メートル）や排水を考慮し、食糧の備蓄倉庫を持ち、電気は寄宿舎から引き、非常用の自家発電の設備もあった。

四月二五日、海軍は組織を再編して海軍総隊司令部を設置した。海軍総司令長官は連合艦隊司令長官を兼務し、連合艦隊の他、海上護衛総司令部、鎮守府、支那方面艦隊などを指揮することになった。五月二九日、豊田副武は軍令部総長となり、小澤治三郎が海軍総司令長官に就任した。最後の連合艦隊司令長官である。

日吉は戦争末期の絶望的な状況の中で、来たるべき本土決戦を見据えながら、海軍の全作戦部隊を指揮する場になっていった。

戦時中、第一校舎と第二校舎は防空のためコールタールで迷彩され、白亜の校舎には真っ黒な太い帯が塗られた。キャンパス中央の広場に面した校舎の列柱廊には、地下壕工事のためのセメントが積み上げられていたという証言もある。

現在大学の校舎や図書館（日吉メディアセンター）が建つ場所には、藤原工業大学があった。慶應義塾の卒業生である藤原銀次郎（王子製紙社長）が一九三九年に創設した大学である。一九四四年八月に慶應義塾に寄附され、工学部として再編された。その木造の校舎は、四五年四月一五日夜半から一六日未明にかけての空襲で約八割が焼失した。

第一校舎と第二校舎は堅固な鉄筋コンクリート建築のため焼夷弾で燃えることなく、今に残る。

※戦後は米軍が接収

八月一五日、日本はポツダム宣言を受諾して戦争が終わった。日吉から海軍が去り、代わりに米軍が来た。

九月に入ってすぐ、キャンパスは米軍に接収され、第一校舎は第八軍第一一兵団と騎兵第一師団の宿舎として使われ、第二校舎は職業補導学校となった。焼けた工学部校舎の跡地は料理学校になり、兵舎が並んだ。寄宿舎は独身将校の宿舎となり、「ローマ風呂」の浴槽はセメントで埋められ、バーラウンジ（一説にはダンスフロア）となった。

米軍の接収は四年間続き、返還式が行われたのは一九四九年一〇月一日である。この日、第二校舎の列柱廊において第八軍横浜地区司令官ガーヴィング准将から塾長潮田江次に「返還の鍵」が手渡された。

第一校舎には前年四月に新制の高等学校として開設された慶應義塾高等学校が入り、日吉は再び学びの場に戻った。

※日本の現代史が凝縮された場所

ここに二枚の写真がある。（写真⑩⑪）一枚は写真家芳賀日出男が文学部予科時代に撮った写真である。撮影は一九四一年頃、撮影場所は第一校舎の北側出入口で、中央の広場の向こうに陽を受けた白い第二校舎が見える。すでに戦争の時代に入っていたが、ここにはまだ「理想的学園」の雰囲気がある。もう一枚は黒い迷彩塗装のタールが剥げた第一校舎である。列柱廊の前に米軍のトラックやジープが並び、広場はバスケットボールのコートになっている。汚れた校舎はその後白く塗り直され、キャンパスは本来の学びの場として明るい太陽の光をあびている。

一九三四年の竣工から九〇年近くを経て、校舎はいまも同じ場所に同じ佇まいで建っている。しかしながら、ここには忘れてはならない変転の歴史があり、その中を生きた人々の記憶がある。足元には巨大な戦争遺跡が静

⑩第一校舎から第二校舎を見る
（慶應義塾福澤研究センター提供・芳賀日出男氏旧蔵）

⑪米軍接収時の第一校舎
（慶應義塾福澤研究センター蔵）

かに眠っている。

キャンパス空間としての「日吉」は、戦前・戦中・戦後の日本の現代史が凝縮された場所であり、それを見つめることは、いまここで学ぶことの意味や、この国のたどった道、私たち自身の足元を確認することにつながるだろう。

5 日吉台地下壕の研究史

※忘れられていた地下壕に光をあてた中高校生

戦後、地下壕は長く忘れられた。地元の中高校生が遊び感覚で入ることはあっても、その存在が社会に広く知られ、歴史的価値が正しく評価されることはしばらくなかった。日吉台地下壕の調査・研究を振り返るとき、最初に挙げられるのは測量である。必ずしもそれは「研究」を意図したものではなかったが、地下壕の全体像を客観的に把握しようとするものであった。

最も古いのは一九四九年に米軍の指示で作られた測量図で、これをもとにして一九五五年に慶應義塾が作成した図面が現存する。そこにはフィートを単位とする実測の数字と、英語の注記が付されている。一九七五年の図面は大学校舎の建築工事の際に測量したもので、校舎の新築は地下壕の

わが足の下《もと》

日吉地下施設
の
秘密

地底研究会

昭和44年度　日吉祭グループ参加

⑫高校１年生が調査してまとめた冊子『わが足の下』（1972年）

破壊を伴うものでもあった。

　地下壕に最初に知的関心を寄せたのは中高校生であった。現在確認できる最も古い例は、一九五八年の慶應義塾普通部（中学校）の「労作展」（生徒の研究や作品の展覧会）における展示である。一九六九年には慶應義塾高校の文化祭「日吉祭」で生徒の研究発表があり、その内容は一九七二年に『わが足の下《もと》』と題する小冊子にまとめられた。高校一年生のクラスで「地底研究会」というグループを作って独力で調査したもので、この『わが足の下』こそが、日吉台地下壕の研究史の事実上の出発点と位置づけられる。（写真⑫）

　その冒頭には次のようにある（要約）。高校に入学して校舎の裏の谷に地下壕の入り口があるのを発見した。興味本位に出入りしているうちに強い愛着を感じるようになった。内部の様子をより詳しく知るために、自分たちで地図を作りながら中を歩き回った。これだけでは飽き足らず、資料を探したが手に入らず、当時を知る関係者に聞き取りをし、その記憶をつなぎあわせた。

　生徒たちは学校に交渉して許可を求め、入坑を繰り返して内部を探索、巻き尺やコンパスを使って自力で測量図を作り、模型も作った。調査の主な対象は連合艦隊司令部地下壕と人事局地下壕、航空本部等地下壕の一部、そして艦政本部地下壕まで及ぶ。元海軍少将富岡定俊（軍令部第一部長）や前述の伊東三郎（第三〇一〇設営隊隊長）にも面会し、工法や通風・排水、電力や自家発電の機械、飲料水や便所などを含め、網羅的に調べた。「興味」から始まり、その対象に「強い愛着」を感じ、資料を探し、聞き取り調査をする。ここにはあらゆる学問に通じる研究活動の原点があり、資料収集と聞き取り調査はのちの地下壕研究の大きな柱にもなった。

※八〇年代に始まった調査

日吉台地下壕の本格的な調査・研究は八〇年代半ばから始まった。リードしたのは寺田貞治（慶應義塾高校教諭）である。寺田は一九八五年八月に初めて壕内に入り、翌年一一月から慶應義塾生協の機関誌『KEIO　せいきょう教職員版』に「連合艦隊司令部日吉台地下壕について」を連載する。資料がほとんどなく、『わが足の下』が唯一のものだったというから、高校生の研究に導かれながら進めたことになる。連載は一九九四年七月まで三一回にわたって続き、埋もれた史料の掘り起こし、図面の作成、関係者や地域住民への聞き取り記録など、地下壕研究の土台が形成された。寺田の研究は地下壕の保存を目的とするものであり、その活動はしばしば新聞等で取り上げられた。

地下壕の歴史的な重さを知れば知るほど保存の必要性を感じ、戦争や平和を考える拠点として活用すべきだと考える。寺田の研究と問題意識は、一九八九年に結成された市民団体「日吉台地下壕保存の会」（以下、保存の会）に引き継がれ、現在に至る。一九九七年には全国規模の「戦争遺跡保存全国ネットワーク」が結成され、戦争遺跡の保存を進める各地の団体との横のつながりも深めている。

連合艦隊司令部地下壕は、長く放置されたため壕内にはぬかるんだ土砂が堆積し、見学は容易ではなかった。慶應義塾は二〇〇一年に壕内を整備し、安全に見学できるようになった。その結果、一般向けの見学会のみならず、小中高生あるいは大学生の見学の機会も増えた。保存の会はそのガイドの役割を担い、二〇〇六年には見学会用のガイドブック『戦争遺跡を歩く　日吉』を、学校での調べ学習用のテキスト『フィールドワーク日吉・帝国海軍大地下壕』を刊行、現在も版を重ね、最新の研究成果を反映させている。二〇一一年には『本土決戦の虚像と実像』を刊行し、本土決戦の視座から日吉を検証した。

二〇一八年度に実施した見学会は計四八回、見学者はのべ二七三二名に及ぶ。

※学術的な研究対象に

二〇〇〇年代に入ると、考古学による学術調査が行われた。〇二年には艦政本部地下壕、〇五年〜〇六年はキャンパス内や周辺の小規模地下壕、〇九年には航空本部等地下壕の出入口関連遺構の調査が行われた。一〇年には慶應義塾大学において三田史学会主催のシンポジウム「キャンパスのなかの戦争遺跡――研究・教育資源としての日吉台地下壕」が開催された。

ここにおいて日吉台地下壕は学術的な研究対象として明確に位置づけられ、「研究・教育資源」として議論されるようになった。これは地下壕の研究史のうえで特筆すべき出来事である。考古学による研究は安藤広道（慶應義塾大学文学部教授）が中心となり、一三年には連合艦隊司令部地下壕の三次元レーザースキャナーによる測量を実施、これが現時点での最新の実測となる。

研究の成果は一四年と二〇年に『慶應義塾大学日吉キャンパス一帯の戦争遺跡の研究』として二回に分けた報告書にまとめられている。一五年には神奈川県立歴史博物館において、特別展『陸にあがった海軍　連合艦隊司令部日吉地下壕からみた太平洋戦争』展が約二カ月にわたって開催され、一万五〇〇〇人を超える来場者を集めた。

この年は戦後七〇年の節目ということもあり、六月には慶應義塾がマスコミ各社に連合艦隊司令部地下壕を公開し、新聞やテレビ、インターネット等で大きく取り上げられた。

キャンパスの戦争遺跡を地下壕のみならず地上の校舎、そこで行われた教育、そこにいた人々、残された言葉などの全体像でとらえたのが筆者の『キャンパスの戦争　慶應日吉1934—1949』(二〇二三年)である。日吉開設から米軍接収解除までの激動の一五年間を辿ったもので、戦争期に関する日吉キャンパス史研究の嚆矢となった。

日吉台地下壕の研究史の特徴は、まず市民レベルの研究が先行し、その後を追うようにして研究者による学術調査が始まったところにある。その原点にあったのは、高校生の知的興味と独自の研究であった。現在もなお市民と研究者が対等の関係で情報を共有しあい、対話を重ねながら研究を進めている。これもまた大きな特徴であり、本書『日吉台地下壕　大学と戦争』はその成果と位置づけられる。

※地下壕研究の三つの柱

日吉台地下壕の建設時や使用当時に関する文献資料はほとんど残っていない。これが研究を困難なものにしている最大の要因である。日吉台地下壕の研究史には大きな柱が三つあった。

一つは関連する記録類の丹念な掘り起こしであり、そこには連合艦隊司令部や軍令部第三部など日吉の海軍に関係した人々の回想記や日記も含まれる。もう一つは関係者からの聞き取りであり、寺田に始まり保存の会に引き継がれた聞き取り調査の記録は相当な数となる。保存の会は二〇〇八年に日吉地区における空襲被害の実態調査を行い、一五年には資料集『日吉は戦場だった——三度にわたる日吉の空襲の記録』にまとめた。日吉台地下壕の研究史は、このようないわば点と点（書かれた記録と人の記憶）をつなぐことで、地下壕に限らず「日吉」という地域全体をとらえようとするものであった。三つ目の柱は、考古学的アプローチによる学術調査である。そこに確かに存在する物的資料（モノ）としての遺構に科学的な光を当てることで、点と点をつなげるだけでは見えなかった事実が、その細部を含め、一つの総体として可視化されるようになった。

しかしながら、日吉台地下壕に関しては、依然としてわからないことの方がはるかに多い。たとえば米軍側の資料については、未だ手つかずの状態である。四年間の接収時の状況についても、わかっていることはごくわずかでしかない。何より戦後七五年以上が経ち、日吉に関係する元兵士や軍属、地域住民の方の体験を聞く機会は確実に減っている。

戦争遺跡は、戦争の歴史や記憶を語り継ぐ場として社会的な役割を担うものである。自治体によっては観光資源として整備し、展示資料館なども作り、多くの見学者を集めている所もある。戦争体験者の話を聞く機会が少なくなる中で、戦争の記憶は人からモノに移り、戦争遺跡は「戦争」をリアルに語る主要な媒体となっている。

ただし、ここで注意しなければならないのは、それが本当に「戦争」の実相を語り得ているのかということである。「戦争」の語りはそれが人間の生死に深く関わるものであるために、劇的な物語性を生み出しやすい。戦争遺跡における文字化された解説文や見学ガイドの語りが、勇ましさや悲しさを伴う定型化された話として繰り返されるとき、そこに虚構が入り込む恐れがある。だからこそ私たちは、事実を事実として丁寧に確認し、公正中立な立場でそこに残されたモノに向き合わなければならない。

地下壕は人間が作ったもの言わぬ遺構として地中深く眠っている。それに言葉を与えるのは現代を生きる私たち人間である。「負の遺産」の「負」の意味する内容に目をそらすことなく、冷静なまなざしを向け続ける。そのための調査・研究でもある。

6　保存と公開、そして活用

※研究・教育資源としての可能性

日吉台地下壕は、もはや社会的に忘れられた存在ではなくなった。少なくとも連合艦隊司令部地下壕に関しては、これをキャンパスの地下に眠らせたままにしておくことはできない状況になっている。しかしながら、最も近くにいるはずの大学の学生にとって必ずしも身近な存在ではない。ここで学ぶほとんどの学生は、地下壕に一度も入ることがないままキャンパスを離れ、卒業していく。地下壕は慶應義塾によって原則非公開とされ、見学するには慶應義塾による許可と保存の会のガイドの同行が条件となる。これは壕内の現況の保存と安全な見学のために必要なことではあるが、公開のあり方についてはさらに工夫が必要であろう。

地下壕には三つの課題がある。保存と公開、そして活用である。戦争遺跡保存全国ネットワークの調査によれば、二〇二二年八月時点で、国や自治体が指定・登録文化財にしている戦争遺跡は、全国で三四二件である（「戦争遺跡―指定・登録文化財の動向」）。年々増えてはいるが、決して多くはない。そのため造成工事等による破壊に対して、法的にはきわめて脆弱である。日吉台地下壕は、まだ「文化財」の指定を受けていない。かろうじて横浜市教育委員会により「埋蔵文化財包蔵地」

に登録され、周知化されているにとどまる。地下壕の遺構はキャンパスの外に広がるものではあるが、この価値ある歴史的遺産を守るためにも、慶應義塾が主体となって文化財指定に向けて働きかけていくことが望まれる。

戦争遺跡は確かに「負の遺産」には違いないが、「研究・教育資源」として限りない可能性を秘めたものでもある。「負の遺産」にとどめるのか、それとも研究・教育上の「資源」として活用するのか、慶應義塾にとっての今後の大きな課題である。活用は公開を伴い、公開には保存が前提となる。この三つは不可分の関係にあり、保存なくして公開も活用もありえない。

※教育的活用に関する提言

先述したように、二〇〇八年九月の蝮谷体育館建設工事に伴い、航空本部等地下壕の出入口が発見された。慶應義塾はただちに発掘調査を始めるとともに、有識者から成る諮問委員会を設置し、地下壕の保存と活用に関する答申を受けた。そこには教育的活用に関する重要な提言が含まれる。以下、その一部を引用する（「日吉台地下壕に関する諮問委員会答申書」）。

・日吉台地下壕は、日本近代史研究のみならず、世代を超えたコミュニケーションの触媒となることで戦争の記憶を後世に伝えることを可能にする、高い学術的・教育的価値をもつ文化財として評価しなければならないのである。

・地下壕及び蝮谷の景観の多くが保存された場合、今後の活用計画を具体化しておくことも大切である。大学・大学院だけでなく一貫教育校も含めた塾内の教育・研究活動に活用するのはもちろんのこと、外部の研究者にも調査・研究の道を開き、塾内外の多くの人々が見学・利用できるような、谷戸内及び地下壕内の整備を進めて行くことが必要である。授業・講義での活用や、一般の方々を対象とした見学会の実施等、ソフト面の整備も不可欠である。

・地下壕の調査・研究が進み、その活用の体制が整備されてくれば、近現代史研究のみならず、歴史教育、平和教育に対する慶應義塾独自の取り組みも可能になってくるはずである。

日吉台地下壕が「高い学術的・教育的価値」を持つことは言うを俟《ま》たない。提言から一〇年以上が経ち、いま具体的に考えなければならないのは、公開や活用における「慶應義塾独自の取り組み」とはいったい何かということであろう。

＊日吉キャンパスで学び、考えることの意味

日吉キャンパスには門がない。銀杏並木は四季折々の美しさを見せ、そこを近隣の人たちが行きかい、保育園の園児たちが遊び、大学体育会の学生たちが走る。ここは地域社会に開かれたキャンパスである。都会の喧騒を離れた「至良の環境」に「理想的学園」が構想され、気鋭の建築家が「学びの空間のロマンの夢」を描いた。

若者が学ぶ場は、若者を戦場に送り出す場となり、校舎に海軍が入り、地下には巨大な地下壕が

作られた。遠い戦場と直接つながり、ここで確かに戦争が行われた。空襲で街が焼け、キャンパスが燃えた。戦いに敗れ、米軍が来た。「日吉」が経験したこの変転の歴史を私たちはどのように見つめればよいのだろうか。

慶應義塾にとって研究・教育の資源としての戦争遺跡は、地下壕だけではない。キャンパスの景観、自然、地質、校舎や施設、ここにいた人々、その人たちの記憶、残した言葉、地域社会全体、戦争に関わる加害と被害の様相、それらを総体としてとらえるとき、この場所で学ぶことの意味や、この場所で考えることの意味が見えてくるのではないかと思われるのである。

◆引用・参考文献

・阿久澤武史『キャンパスの戦争　慶應日吉1934―1949』慶應義塾大学出版会、二〇二三年
・網戸武夫『建築・経験とモラル　曾禰達蔵・中條精一郎・中村順平・久米権九郎と私』住まいの図書館出版局、一九九九年
・網戸武夫『情念の幾何学　形象の作家中村順平の生涯』建築知識、一九八五年
・網戸武夫「曽禰達蔵と中條精一郎」『東京駅と辰野金吾』東日本旅客鉄道株式会社、一九九〇年
・安藤広道編『慶應義塾大学日吉キャンパス一帯の戦争遺跡の研究』二〇一一～二〇一三年度科学研究費補助金研究成果報告書、二〇一四年

・伊東三郎「地下海軍省分室と施設系残務整理回想記」『海軍施設系技術官の記録』同刊行委員会、一九七二年
・神奈川県立歴史博物館『陸にあがった海軍　連合艦隊司令部日吉地下壕からみた太平洋戦争』図録、二〇一五年
・慶應義塾大学民族学考古学研究室『慶應義塾大学日吉キャンパス一帯の戦争遺跡の研究Ⅱ』二〇一六～二〇一九年度科学研究費補助金研究成果報告書、二〇二〇年
・小泉信三「報国隊結成式訓示　昭和十六年九月十五日日吉大学予科競技場における訓辞要旨」『小泉信三全集』第一三巻、文藝春秋、一九六八年
・竹内洋『学歴貴族の栄光と挫折』講談社学術文庫、二〇一一年
・寺田貞治「連合艦隊司令部日吉台地下壕について（1）～（22）」『ＫＥＩＯ　せいきょう教職員版』三四号～五五号、慶應義塾生活協同組合、一九八六～一九九一年
・寺田貞治「日吉台地下壕《続編1～8》ＫＥＩＯ　せいきょう教職員版』六〇号～六九号、慶應義塾生活協同組合、一九九二～一九九四年
・地底研究会『わが足の下　日吉地下施設の秘密』一九六九年度日吉祭グループ参加、一九七二年
・日吉台地下壕保存の会編『日吉台地下壕保存の会資料集1　日吉は戦場だった』二〇一五年
・日吉台地下壕保存の会編『戦争遺跡を歩く日吉』二〇一八年
・日吉台地下壕保存の会編（山田朗・監修）『本土決戦の虚像と実像』高文研、二〇一一年
・日吉台地下壕保存の会編『学び・調べ・考えよう　フィールドワーク日吉・帝国海軍大地下壕』平和文化、二〇一九年

・「日吉台地下壕に関する諮問委員会答申書」二〇〇九年一月二一日
・藤森照信『日本の近代建築（上）幕末・明治篇』岩波新書、一九九三年
・堀田善衞『若き日の詩人たちの肖像（上）』集英社文庫、一九七七年
・安岡章太郎『僕の昭和史』新潮文庫、二〇〇五年
・柳屋良博「戦中・戦後の私の学生生活（1）」『日吉台地下壕保存の会会報』第七〇号、二〇〇四年
・吉田鋼市『日本のアール・デコ建築入門』王国社、二〇一四年
・「シンポジウム　キャンパスのなかの戦争遺跡―研究・教育資源としての日吉台地下壕」『史学』第八〇巻第二・三号、二〇一一年六月
・「日吉建設資金募集趣旨書」『三田評論』第四三四号、一九三三年

II

日吉の帝国海軍

連合艦隊司令部と軍令部第三部

阿久澤 武史

1　海軍の情報機関

※日吉にやって来た軍令部第三部

軍令部第三部は、情報収集と分析を担当する中枢機関であった。海軍には大きく四つの組織があった。海軍省、軍令部、鎮守府、連合艦隊である。

軍令部は天皇に直属し、軍令部総長のもと第一部（作戦）・第二部（軍備）・第三部（情報）・第四部（通信・暗号）・特務班（通信防諜）などの部署から成り、第三部は次の各課に分かれていた。

部長直属（情報計画等）
第五課（米国情報等）
第六課（中国情報等）
第七課（ソ連・欧州情報等）
第八課（英連邦情報等）

慶應義塾が校舎の一部を軍に貸すことを決めたのは、一九四四年二月一五日であった。海軍省との賃貸借契約が三月一〇日、一三日には軍令部第三部が日吉に移っているから（『高松宮日記』）、海軍の動きは早かった。この時、海軍に貸したという選択が、のちに日吉キャンパスのみならず「日吉」という地域全体に大きな爪痕を残すことになった。

軍令部第三部で米国情報を担当した実松譲によれば、第五課は一九四二年九月の時点で課員四名の定員に対し実員三名で、平時の定員にも満たない状態だった。駐米大使館付武官補佐官としてワシントンに駐在し、米国の戦時体制を目の当たりにしていた実松にとって、日本海軍の対米情報機関はきわめて貧弱なものに見えた。戦局の悪化とともに増員の必要が生じたが、海軍兵学校を卒業した正規士官の補充は進まず、大学出身の二年現役主計科士官や予備士官によって組織が拡充されることになった。一九四三年半ばに三名の主計大尉（二名は東大、一名は慶應卒）が配属され、翌年初めまでに計一五名を加えたことで、霞ヶ関の海軍省の庁舎では手狭となり、移転が検討されることになった。

大学予科はちょうど新年度を迎える時期だった。当時の学生新聞には「日吉予科の学年初め　町田副主任の初訓示」と題する記事がある（「三田新聞」四月一〇日号）。「戦局の熾烈化に伴なへる時局の要請によつて日吉の丘も漸次に外貌を変じつゝある」で始まり、在校生と新入生に向けての予科副主任・町田義一郎の訓示が記されている。

第一に御話することは、時局の要請に依り予科の校舎も一部が徴用され、教室数の減少と昨秋の学徒出陣に依る予科学生の減少によりクラスの編成替を行ふことになりました。

第二に大部分の諸君が既にご承知のことと思はれます。今回〇〇に予科の校舎の一部を御貸しすることになりましたから諸君同じ一棟の中に一緒に居るのであるから、いはゞ隣人以上の誼《よし》

二　みであるわけですから礼儀を失しないやうにすること。

「〇〇」とはむろん海軍のことであり、ここではそれが伏せられている。校舎（第一校舎）は中央の階段で二つに仕切られ、南側を海軍が、北側を予科が使うことになった。生徒は正面玄関ではなくキャンパスの中央広場に面した北側の出入口を使った。新学期が始まり学校に戻ると、そこに海軍がいた。同じ校舎を使う「隣人以上」の関係でありながら、互いに交わることがないという特異な環境の中で、彼らは窮屈な学生生活を送ることになった。軍需工場や農村などへの勤労動員はさらに強化され、徴兵年齢は二〇歳から一九歳に引き下げられた。これにあわせるように海軍の使用範囲も広がっていき、一年後の三月には第一校舎のほぼすべてが使われることになる。このようにして予科の生徒は自分たちの教室を失った。

「理想的学園」として新しいキャンパスが開かれてからわずか一〇年、ここでいったい何が行われ、どのような人々がいて、どのような言葉が残されているのだろうか。

※軍令部第三部第五課

日吉の軍令部第三部については、実松譲の『日米情報戦記』に詳しい。一九四四年の七月になると、第五課は士官三四名（課長一、課員三、予備士官三〇）、士官以外二〇名の計五四名となった。六月一九〜二〇日のマリアナ沖海戦で海軍の機動部隊が大敗を喫し、七月七日にサイパン島が陥落、この時期に人員が急に増えたのは、こうした戦局と無関係ではない。ただし依然として正規士官の補充は一向に進まず、予備士官の増員が続けられていた。すなわち戦争末期の日本海軍の情報中枢機関は、大学などの高等教育機関を卒業もしくは学徒出陣で入隊し、速成教育を受けた二十代の若い士官を中心とする組織だったということになる。

第五課の情報源は、前線の作戦部隊や在外海軍武官からの報告の他に、捕獲文書、捕虜の尋問、新聞・雑誌の情報やラジオ放送の傍受などであった。米国当局が発表する内容はかなり正確で、「ニューヨーク・タイムズ」「タイム」「ライフ」などを中立国からシベリア鉄道経由で入手した。第三部には「K班」と呼ばれる部長直属の組織もあり、英語に堪能な日系二世が海外の短波放送を聴いていた。第三部の情報収集作業を支えていたのは、そうした軍人・軍属と、大学教育を受けた予備士官たちの語学力だった。ここで収集・分析した情報は、作戦立案と戦争遂行に必須のものとなる。

しかしながら、海軍には「作戦重視・情報軽視」の風潮があり、情報部は作戦部より劣るという意識があった。この点に関して、実松自身も複雑な心境を吐露している。霞ヶ関から日吉まで車で一時間かかる。第三部の日吉移転が決まった時、作戦部から「日吉じゃ、遠くなって困るよ」くらいは言われると思ったが、期待は裏切られ「作戦部にとっては、情報部はあってもなくてもいい存在なのか」と感じたという。縄張り意識の強い縦割りの官僚組織が、作戦部と情報部との隔たりを生んでいたのである。

※第五課の情報分析

『戦史叢書　大本営海軍部・聯合艦隊〈6〉』には、マリアナ沖海戦後の七月から八月にかけての軍令部第三部第五課による敵兵力の分析が詳細に記録されている。米海軍の艦艇の種類別（空母・戦艦・巡洋艦など）の保有隻数や対日作戦充当兵力に加え、空母の搭載航空機数や基地航空兵力、地上部隊の兵力などの推定である。アラスカ・アリューシャン方面から中部・南太平洋の各方面、中国大陸、オーストラリアやインドに及ぶ広範かつ詳細なものである。艦艇の分析には、米国内の造船所の作業能力、進水から就役・訓練の期間、参加した作戦の履歴なども含まれている。

第五課の情報分析作業は統計を主体とする敵戦力の推定や作戦計画の予測であり、戦後の評価ではかなり正確なものだったとされる。海外から入手できる情報が限られていく中で、その作業は困難を極めたに違いない。それでも予備士官たちは慣れない作業に真剣に取り組んだ。

※〝戦場〟になった教室

この頃の第五課の様子について、実松は次のように回想している（『日米情報戦記』）。

全世界にまたがる米軍の作戦地域における一艦一艇の動き、飛行機一機の行動でももらすまじ――と懸命の努力をつづけるのであった。そのころ、われわれの部屋の外の廊下にまで一種異様の空気がただよっているといわれていたが、それは予備士官たちの気迫から発散した〝妖気〟のためであったろう。

「妖気」の漂う「われわれの部屋の外の廊下」は、第一校舎の廊下である。ここで言う「われわれ」は予科の生徒ではなく、海軍の軍人のことである。教室は学問を通して「世界」に開かれた窓であったが、いまやそこは「敵国」情報を分析する場になった。切迫する情勢の中で、その窓は日増しに小さく細くなって行き、かろうじてそこから見える情報を、若き予備士官たちは「懸命の努力」で読み解いていた。彼らにとって教室が戦場だったのである。

2　キャンパスの連合艦隊

※捷号《しょうごう》作戦

連合艦隊司令部は一九四四年九月二九日に日吉に来た。サイパン陥落後のこの時期、陸海軍にとっての差し迫った問題は、米軍の次の大規模作戦がいつで、どこを目指すのかということであった。軍令部第三部の報告を見れば、日米の兵力と国力の差は歴然としていたはずだが、戦争終結の方向には進まず、次の決戦に向けての準備が始まった。大本営は陸海軍共同で検討し、作戦区分を四つに分けて敵の侵攻を迎え撃つ「捷号作戦」を策定した。捷一号は比島（フィリピン）方面、捷二号は九州南部・南西諸島および台湾方面、捷三号は日本本土、捷四号は北海道方面である。

海軍には「指揮官先頭、率先垂範」の伝統があり、連合艦隊司令部は前線の艦上に置かれた。作戦行動がアジア・太平洋の広大な戦域に広がると、戦局の全体を見渡せ、通信施設の整った後方から指揮をとるべきだという考え方が強くなった。捷号作戦の準備がこれを加速させ、軍令部第一部（作戦部）は八月四日に陸上移転に関する意見書を出した。連合艦隊司令部の日吉への移転は、捷号作戦と深く関係している。

※司令部陸上移転の条件

この時、司令部は軽巡洋艦の大淀に置かれ、独立旗艦として木更津沖にあった。地上との連絡は海中のケーブルによる電信電話を主としたが、海が荒れると通信が不安定になり、艦上の専用施設も司令部としては狭く、使い勝手の良いものではなかった。軍令部第一部は、続けて八月一四日に「連合艦隊司令部陸上施設設置要領」をまとめ、移転の候補地や条件を具体的に提示した。その位置は、東京または横浜近郊で海軍中央機関と交通の便の良い所とされ、横浜市大倉山の「精神文化研究所」、町田の「多摩川学園」（玉川学園）、横浜市磯子の「横浜航空隊」、「日吉」の四カ所があげられた。

司令部に必要な条件は次の通りで、陸上にあっても大淀と同様の設備を有し、生活環境も艦内に極力近づけることとした（『戦史叢書　大本營海軍部・聯合艦隊〈6〉』）。
①作戦室、幕僚事務室、通信指揮室、暗号室、受信室等は地下施設とする。
②参謀の私室を一人一室とし、他に煩わされることなく作業を行える。
③無線の受信は現地で独立したものとし、十分な予備の装置を含む。送信は東京通信隊の送信施設を遠隔で管制使用する。
④有線の通信は、海軍の中央機関や鎮守府、主要な航空基地等と電信・電話で直接つながる。
これに加えて司令部に必要な人員は、司令長官と幕僚で約三〇人、司令部付の士官が約五〇人、下士官・兵が五〇〇人とされた。候補地に求められた条件は、このように施設も人数も相当な規模となる。

※なぜ日吉になったのか

ただちに現地の検分が行われ、選ばれたのが日吉だった。その経緯については連合艦隊司令部で情報参謀だった中島親孝の回想に詳しい（『聯合艦隊作戦室から見た太平洋戦争』）。最も重要なのは無線の受信状態が良いことで、地上の建物の利用と地下施設も含まれていた。日吉台の基盤岩（上総層群王禅寺層）は地下施設の構築に適し、寄宿舎は鉄筋コンクリート造で小部屋も多く、諸条件に最も適した場所だった。

軍令部第一部が陸上移転についての意見書を出したのが八月四日、連合艦隊司令部が将旗を日吉

①キャンパス最南端の日吉寄宿舎の航空写真
（慶應義塾福澤研究センター蔵）

に移したのが九月二九日であるから、ここでも海軍の動きは早かった。「日吉台」と呼ばれる見晴らしのよい高台と「東洋一」と称された三棟のモダンな学生寮は、皮肉なことに最良の条件を提供することになった。しかもそれは最初から地下施設を作ることを前提とし、確実に予想される本土空襲と目前に迫る捷号作戦の発動に備え、急ピッチの工事が進められていくことになる。

寄宿舎には旗艦大淀の設備と機能がそのまま移され、「第一作戦司令所」と名付けられ（「第二作戦司令所」は台湾の高雄）、以降ここが帝国海軍の作戦行動の中心点となった。連合艦隊司令部は海から陸《おか》に上がったのである。（写真①）

※指揮官不在が続いた日吉・連合艦隊司令部

一九四四年九月一五日、米軍はペリリュー島に上陸、二一日にはマニラが空襲を受け、大本営陸海軍部は捷一号作戦の準備を始めた。一〇月二日、連合艦隊司令長官・豊田副武はフィリピン視察のためマニラに向かった。九日、台湾に移ったが、沖縄・台湾・フィリピン北部への空襲が続き、そこに足止めになった。一二日、日吉の司令部は長官不在のまま参謀長の草鹿龍之介を中心に米海軍空母部隊への航空攻撃を決め、基地航空隊に対して捷一号・捷二号作戦を発動した。台湾沖航空戦である。大本営は空母一一隻・戦艦二隻を撃沈したと発表したが、これは誤報であった。一六日、偵察機が台湾東方にほぼ無傷の空母部隊を発見、日吉で戦果報告の検討が行われ、パイロットの事実誤認による過大な戦果報告と結論づけた。一七日、米軍はフィリピン中部のスルアン島に上陸、本格的な侵攻作戦が開始され、翌一八日、大本営は全軍に対して捷一号作戦を発動した。二〇日、米軍がレイテ島に上陸、日本海軍の空母部隊（小澤艦隊）は豊後水道を南下して出撃、豊田が日吉にようやく戻れたのはこの日である。二二日に戦艦部隊（栗田艦隊）がボルネオ島のブルネイを出撃、二三日から「史上最大の海戦」とも呼ばれるレイテ沖海戦が始まる。日米ともに膨大な数の艦船と航空機、兵員を動員した。連合艦隊司令部の作戦は、空母部隊をおとりにして敵の攻撃を引き寄せ、その間に戦艦部隊をレイテ湾に突入させるというものだったが、結果的に武蔵を含む戦艦三隻と空母四隻を失った。連合艦隊司令部が日吉に移って一カ月にも満たない期間での出来事である。

海上の戦いが戦艦主体から航空機に変わり、作戦行動がアジア・太平洋の広大な範囲に拡大されると、戦局の全体を見渡せ、通信設備に優れた後方からの指揮が求められた。日吉は捷号作戦成功のために選ばれた最良の場所だったはずだが、その最も重要な局面において連合艦隊司令部は中心となる指揮官を欠いた。豊田の回想によれば、台湾では日吉との連絡が十分にとれず、作戦全般の状況を把握することができなかった。戦闘の推移も細かい点まではわからず、結果的に司令部に判断を委ねていたという（『最後の帝国海軍』）。

台湾沖航空戦の誤った戦果報告が正されることはなく、陸軍には正確な情報が伝えられなかった。海軍の根底にあった情報の軽視、事実の誤認と誤報、リーダーの不在、意思の疎通と情報伝達の欠如、そして後手にまわった対応——台湾沖航空戦からレイテ沖海戦に至る日吉司令部の作戦指揮は、このような状況の中で行われた。豊田はこの時の作戦室の様子について次のように語っている（『最後の帝国海軍』）。

「武蔵」が大きな被害を受けて落伍し、「大和」も爆弾魚雷を受け、その外《ほか》巡洋艦や小艦艇にも被害続出という報告を受けた時には、連合艦隊司令部の作戦室では一同悲壮な感に打たれて、多くを語るものもなかった。

作戦室は、寄宿舎中寮の一階にあった。この後、「天佑ヲ確信シ全軍突撃セヨ」の電令を発したが、結果的に日本海軍の戦艦部隊はレイテ湾に突入することはなかった。参謀の中島親孝は「幕僚一同、唖然としてなすところを知らなかった」と記す（『聯合艦隊作戦室から見た太平洋戦争』）。海軍の作戦の失敗により、陸軍は補給路を絶たれ、兵士たちは飢餓や病気に苦しみながら壮絶な戦いを強いられることになる。

一〇月二一日、海軍は神風特別攻撃隊を出撃させた。組織的な特攻作戦の始まりである。日吉はその地下に巨大な軍事施設群を作り、戦争末期の絶望的な作戦を立案し指令する場所になっていく。

3　日吉の少年兵たち

※変貌した静かな学園都市日吉

連合艦隊司令部地下壕は地下約三〇メートルにある。厚さ約四〇センチのコンクリートに覆われ、爆撃に十分に耐えられる構造になっている（本書三六ページ「連合艦隊司令部地下壕詳細図」参照）。一九四四年八月一五日に「第三〇一〇設営隊」（兵力一五〇〇名）が編成され、九月一日に分遣隊が日吉に進駐、この日のうちに隧道（トンネル）の掘削工事が始められた。二一日には本隊が進駐して分遣隊と合同で中寮の改修工事に着手、司令部が来たのは九月二九日であるから、実際にはその前から工事が始まっていたことになる。中寮から先に始めたのは、ここに作戦室や幕僚事務室が置かれたためだろう。第三〇一〇設営隊の隊長だった伊東三郎は、日吉に来た時のことを次のように記している（「地下海軍省分室と施設系残務整理回想記」）。

慶応義塾日吉分校構内の奥まった見晴の良い台地の一角に、歩哨を立て、日吉部隊の表札を掲げた「ＧＦ」部隊（註…またの名を連合艦隊司令部という）が既に駐屯していた。

直ちに簡単な営繕工事に併行して、緊急地下施設の要望が指示された。

第三〇一〇設営隊は、すでに軍令部第三部の待避壕を建設していた「山本部隊」（横須賀海軍施設部第一部隊のち第三〇〇設営隊）の技術協力のもと、地下施設の工事を進めていく。伊東は続けて次のように書く。

かくして、静かな学園都市日吉地区一帯は、俄《にわか》に作業服姿の兵隊・軍属の往来が繁くなり、そこで、当該地区所在の海軍省諸官衙の存在を偽装する意味合いを兼ねて、日吉部隊からの指示もあり、自今第三〇一〇設営隊は隊長名を冠して「伊東部隊」と呼称するようになった。

連合艦隊司令部地下壕は、「日吉部隊」と呼ばれた。「理想的学園」だった「静かな学園都市日吉」は、海軍の軍人だけでなく設営部隊の兵士や作業員が集結し、地下に複数の軍事施設が作られる場所になっていく（本書三一ページ「日吉台地下壕配置図」参照）。伊東が「俄に」と書くように、日吉は地上も地下も急激に変貌させられていった。

※三カ月の突貫工事

連合艦隊司令部は、一一月頃にはその中枢部（地下作戦室・司令長官室・暗号室・電信室）を使用していたと考えられる。B29による東京初空襲は一一月二四日、豊田副武の一二月一〇日の日記（防衛省防衛研究所蔵）には「午前八時頃空襲警報　B29少数機帝都ニ来襲　約一時間壕ニ入ル」とある。九月一日に隧道工事に着手してから、わずか三カ月の工期となる。この間に台湾沖航空戦とレイテ沖海戦があり、対応に追われていたその足元では、膨大な量のコンクリートを調達した大工事が行われていた。

司令部にとって最も重要な地下の通信施設（電信室・暗号室）は、初め仮設の壕に置かれたが、完成とともに移動した。電信と暗号あわせて約二〇〇名の兵が三交代もしくは四交代で勤務し、二四時間フル稼働で遠く離れた前線とつながっていた。電信室には約三〇台の短波受信機が並び、ここは受信を専門とし、司令部の所在を隠すため無線による発信はしなかった。

東京の海軍中央機関や各基地などとは有線の電信電話でつながり、東京通信隊の船橋送信所の送信機を遠隔で操作して各地の作戦部隊に指令することもできたという。二〇〇九年に行われた「航空本部等地下壕」の出入口付近の発掘調査では、通信用ケーブルと想定される遺物が発見されている。

※勤務していた人たちの証言

日吉台地下壕保存の会では、地下壕で軍務についていた電信兵や暗号兵の方々や、軍属として軍令部第三部や海軍省の部署に勤務していた方々からお話を伺い、聞き取り調査を進めている。文献資料が非常に限られている中で、当時の様子を知る貴重な記録となっている。その中からいくつかを紹介していきたい（以下、聞き取り記録や手記は『日吉台地下壕保存の会会報』に拠る）。

暗号兵の栗原啓二は、一九四四年九月に一九歳で連合艦隊司令部に配属された。電信室で受ける暗号（モールス信号の五桁の数字）を暗号書と照らし合わせながら解いた。電文は日に何千通もあった。寝る時間が少なく、眠くなり、読めない字を書いて上官に怒られた。レイテでの最初の神風特別攻撃隊から隊員の名前や階級の報告を受けた。南方の航空基地から実働機数の報告が毎朝あり、機数が減っていくのがわかった。第一校舎の一階の教室に畳を敷いて、そこで寝泊まりした。冬は暖房がなく寒かった。食事は麦飯に味噌汁、魚と野菜で、満腹にはならなかった。

第一校舎は軍令部第三部が使っていたが、連合艦隊司令部の兵士の宿舎でもあった。電信兵の保坂初雄も同じ九月に一九歳で日吉に配属され、一階の教室を使った。気象班だったが「特攻待ち受け」（特攻機からの電信を受ける）もした。日吉に来た時には、そこが連合艦隊司令部であることを知らなかった。「日吉部隊」と言われていて、それ以上のことはわからなかった。

暗号兵の平田一郎は、一九四五年一月に一四歳で海軍横須賀通信学校に入校、六月に日吉に来た。食事は足りなかった。次々に受信される暗号電文が机の上に積まれ、解読できないものや意味不明のものが多かった。同じく暗号兵の新井安吉は、一四歳で海軍特別年少兵として横須賀通信学校に入り、四五年五月に連合艦隊司令部付を命じられた。乗艦すると思ったが、直前に日吉行きに変更された。海軍なのになぜ陸上なのか理解できないまま、電車を乗り継いで日吉駅に降りた。巨大な地下壕を目の当たりにして驚き、心の片隅では日本はここまで追い詰められているのかと思ったが、口にすることはできなかった。

電信兵の大島久直も一四歳で四四年二月に山口県の海軍防府通信学校に入校、横須賀海兵団を経て翌年二月に連合艦隊司令部に配属された。壕の外に兵舎があり、わら布団と毛布三枚で寝た。いつも腹をすかせていた。電信室で初めて蛍光灯の照明を見た。沖縄戦では九州の鹿屋基地から特攻機が飛び立つ様子が電信で入って来た。暗号ではない生の電文で「ワレ　イマカラ　ジバク」を受けたこともあった。特攻機は最後に「ツ――」という発信音を出しっぱなしにして、それが途切れる。かわいそうになった。

電信兵の高田賢司は四五年三月に一九歳で日吉に配属、そこが連合艦隊司令部と知らなかった。最初は壕の中の二段ベッドで寝ていたが、疥癬《かいせん》になってしまい、兵舎に移った。休日もなく、電信室と兵舎を行き来しているだけの毎日だった。電信室の照明は明るかった。特攻機からの電信も聴いた。島の守備隊が玉砕の電文を暗号ではない平文で打ってきた。「テキジョウリク　テキガキタ　モウダメダ」で終わった。いつも腹をすかせていた。

※少年兵たちの日常

このように見てくると、連合艦隊司令部という海軍の作戦指揮の中枢において、通信を担った兵士たちの中に、実に多くの一〇代の若者たち（「少年」と言ってもいい）がいたことに驚かされる。彼らは約半年の教育期間を経て、司令部の「耳」として短波受信機から聞こえる遠い洋上からの電信音に全神経を集中させていた。電信兵だった下村恒夫は次のように回想している（『連合艦隊日吉司令部跡を尋《（ママ）》ねて』）。

＝　私はレイテ作戦、沖縄作戦等において海軍特別攻撃隊の傍受をしていたことがある。直掩機等の基地宛打電などの生々しいモールス信号を幾度となく耳にした。機上からの発信出力は弱く、且つ作戦海域が遠方のため雑音の中に微かに送られてくる信号を受信機のダイヤル片手に、レシーバーの奥で精神を集中して聞き取るのである。

「少年兵」たちは地下三〇メートルの壕内で遠い前線とつながっていた。それは特攻機からの最後の発信音であり、孤島の守備隊からの最後の報告であった。彼らが聴き取っていた微かな音は、人間の生死や戦局の行方に直接関係していた。

一方で、彼らの日常は体罰と隣り合わせであり、常に空腹でもあった。新井安吉は四人の古参兵から耐えがたいような暴力を受けた。「貴様の日頃の行動、軍人の恥だ、叩き直してやる」と顔面を代わる代わる殴られた。高田賢司も下士官や古参兵に殴られた。ビンタの他に「バッター」（海軍精神注入棒）による制裁も受けた。

食い盛りの少年兵は、腹が減ってたまらなくって、食えないのが分かっているくせにドングリの実をかじったり、かまぼこ兵舎の側溝に沢山いたザリガニを、衛兵の目を盗んで茹でて食べたら、これがすごくうまい。でも、これが上官に知られたら、猛烈な体罰を受けなければならないことを、知っていながらも食いたかった。食い盛りの腹だったのです。（平田一郎）

日吉にはかつてこのような「少年」たちがいた。彼らは自分たちが連合艦隊司令部にいることも

②「日吉部隊」機関科集合写真（日吉台地下壕保存の会所蔵・菅谷源作氏旧蔵）

知らずに、同じ繰り返しの毎日を送っていたのである。

上の写真は「日吉部隊」機関科の一九四五年元旦の集合写真である。（写真②）中段には下士官と士官が並び、上段と下段はセーラー服の水兵で、写真を見る限りみな若く、十代に見える。写真を所蔵していた菅谷源作はこの時二〇歳の電機長であったから、彼らの若さが想像される。当時の身分証明書には「海軍上等機関兵曹　菅谷源作」の横に「右者日吉部隊隊員ナルコトヲ証明ス」とあり、「連合艦隊司令部」の記載はない。

4　教室の海軍

※拡大、拡張される海軍施設

戦時中、第一校舎と第二校舎はコールタールで迷彩された。軍令部第三部に続き、海軍省の航空本部・人事局・経理局なども日吉に移り、そこには軍人の他に軍属として事務仕事に従事する若い女性理事生の姿もあった。（写真③）一九四五年五月に海軍省が空襲を受け、航空本部が日吉に移転し、地

③海軍省人事局航空配員理事生写真（慶應義塾福澤研究センター蔵、立川重子氏旧蔵）

下壕の利用も始まる。この壕（「航空本部等地下壕」）は連合艦隊司令部と内部でつながり、ここには軍令部第三部と東京通信隊も入った。前年の秋から工事を始めていた「人事局地下壕」も二月頃には完成した。この頃には東京警備隊も日吉に移り、第一校舎の東側の斜面に小規模の地下壕を作った。工学部のロッカー室には海軍水路部も入った。キャンパスの外の「艦政本部地下壕」は八月一五日に移転の予定だったが、その前に敗戦を迎えた。

日吉キャンパスには小さなチャペル（キリスト教青年会日吉ホール）がある（「日吉台地下壕配置図」参照）。著名な建築家であるウイリアム・メレル・ヴォーリズの設計によって一九三七年に建てられた歴史的な建築物である。この祈りの場もまた海軍によって使われ、軍令部第三部の理事生がタイプライターを打つ場所になっていた。

一九四五年の軍令部第三部の人員は、各課あわせて二九四名、うち士官は一五〇名、それ以外一四四名であった。士官一五〇名のうち予備士官は一三二名、士官以外の一四四名のうち女性は五〇名であるから（『日米情報戦記』）、軍令部第三部だけでもこれだけ多くの予備士官と女性職員がいたことになる。前述したように彼らは「懸命の努力」で情報の分析作業に取り組み、それを実松譲は「一種異様の空気」「妖気」と表現した。

一方で、その「努力」を冷ややかに見つめる目もあった。戦後日本を代表する思想家になる鶴見俊輔は、この時軍属として軍令部第三部にいた。鶴見はハーバード大学で哲学を学ぶ学生だったが、一九四二年八月に日米交換船で帰国、四五年四月から六月にかけて、日吉で翻訳の仕事をしていた。その時のことを、友人の言葉を借りて次のように述べている（『日米交換船』）。

軍令部では、交換船でいっしょだった田島信之にも会った。彼も軍属だった。部屋のなかを見回して、「こういうやつらがみんないなくならないと、日本はよくならない」と言っていた。交換船のときから言っていることが変わらない。信用できる人間だと思った。

実松の言う「妖気」は、異なる視点から見れば、全く違う意味合いにおいて「一種異様な空気」だったということになる。興味深いのは、立場の違うこの二人が同じ船で帰国したことである。日米交換船「浅間丸」に乗り合わせた実松と鶴見の時間は、日吉の校舎で再び重なった。鶴見はこの時二二歳、実松は四〇歳、鶴見が冷ややかに見つめる実松の部下の士官たちも、そのほとんどが同じ二十代前半の若者だった。

大学時代を異なる国の異なる教育環境の中で過ごし、戦争という大きな荒波に同じ様に飲み込まれながら、彼らはいま同じ校舎の中にいる。若き士官たちは、その知性を敵国情報の分析に注ぎ、若き哲学徒・鶴見俊輔は、批判の眼を隠しながら翻訳に従事した。こうした若者たちが「日吉」という場で交差し、自分の置かれた場所でそれぞれの知性を支えにして懸命に生きていた。情報を集めれば集めるだけ戦況の不利がはっきり見えてくるため、部屋の中は無言のうちにも厭戦気分が占めていたというから（『鶴見俊輔伝』）、背景や立場を異にする彼らであっても、同じ空気と同じ認識を共有していたことになるだろう。

＊日吉で勤務していた女性たち

海軍省人事局の理事生だった立川重子は、一九四一年三月に女学校を卒業、四三年一一月から航空本部に勤務、四五年一月に日吉の人事局に異動した。仕事をしていたのは第一校舎の教室で、机を島型に並べていた。廊下の先に士官室があり、用事があるとベルで呼ばれた。軍令部第三部の士官は赤い模様の入ったおしゃれなセーターを着ていて、屋上でバレーボールをするのを見ていた。

同じく人事局にいた小嶋喜代子は、女学校在学中の四四年四月に海軍に動員され、一二月に日吉に来た。部屋には暖房がなく、手がかじかんで手袋をしたまま仕事をした。軍令部の士官はみなモダンで、英語を話し、長いマフラーを翻して歩く姿をよく目にした。彼女たちは地下壕の中でも仕事をしていた。航空本部の理事生だった秋元千恵子の手記によれば、地下壕の中は涼しく、夏でも長袖の服を着ていた。机の上に椅子を乗せて、その上に立って天井の水滴を拭いた。木製の洋服ダンスがあり、一晩で一〇センチくらいのカビが生えて鳥肌が立つことがあったという。

同じく航空本部の理事生だった福井寿美子と中川雪子は、ともに四五年の三月以降に日吉で働いた。福井は一九歳、中川は一八歳だった。霞ヶ関の海軍省と日吉を結ぶ定期便があった。地下壕の中は片側に机が並んでいて、そこで仕事をした。壁はコンクリートむき出しのままで、水が伝わって流れていた。壕内は換気の配慮がされていたが、湿気があった。前述の伊東三郎（第三〇一〇設営隊）によれば、壁に書類収納用のロッカーが並べられていたため、実際には通風が悪くなり、湿度もかなり高かったようである。

立川はこの時二一歳、小嶋も福井も中川もまだ一〇代後半、いまで言えば高校生から大学生の年齢である。立川が大事にしてきた写真がある。そこに写された「海軍」は、どこかの共学の高校のようであり、女子校のようでもある。詰め襟の青年とセーラー服の三つ編みの少女、場所は第一校舎の屋上である。壁は白と黒の迷彩で、真っ白だった煙突は黒一色に塗られている。明るく笑う声まで聞こえてきそうだが、青年は海軍の帽子を被り、スカート姿の少女は一人もいない。そこにはやはり戦時下の緊張感がある。（写真④⑤）

④海軍省人事局航空配員集合写真（慶應義塾福澤研究センター蔵・立川重子氏旧蔵）

⑤海軍省人事局航空配員写真（慶應義塾福澤研究センター蔵・立川重子氏旧蔵）

5 日吉と特攻

※撤退、後退する陸海軍

レイテ沖海戦で帝国海軍は事実上壊滅した。制海権と制空権を完全に失い、兵員の補充や物資の輸送も困難になり、陸軍は苦戦を余儀なくされた。米軍がレイテ島に上陸したのは一九四四年一〇月二〇日、陸軍は一二月にレイテ作戦を断念し、主戦場がルソン島に移った。フィリピンにおける陸軍の戦死者は三〇万人を超え、そのほとんどが伝染病による戦病死と餓死だった。

艦隊による作戦行動が不可能になった連合艦隊は、航空機による特攻を繰り返し、陸軍もこれに呼応した。四五年三月三日にマニラ陥落、フィリピン失陥によって南方の資源地帯から日本本土への石油等の海上輸送ルートが絶たれ、戦争継続はいよいよ困難になった。

サイパンから発進したB29が東京を初めて空襲したのが前年の一一月二四日、最初は軍需工場が標的だったが、やがて大量の焼夷弾による市街地への無差別爆撃になっていく。二月一九日、米軍は硫黄島に上陸（三月二六日に陥落）、三月一〇日の東京大空襲で下町が焦土と化し、死者一〇万人、罹災者は一〇〇万人を超えた。

四月一日、米軍が沖縄本島に上陸、戦闘は熾烈をきわめ、多くの民間人を巻き込んだ。

※航空特攻

連合艦隊は米空母部隊に対する航空特攻を行い、六月二三日（二二日説もあり）の沖縄戦終結までの四カ月間で最大のピークを迎えた。この期間だけで海軍一五三五機・陸軍八二〇機の計二三五五機が投入され、レイテ戦での最初の特攻から八月一五日の敗戦までの一一カ月間で、出撃して帰らなかった機数（未帰還機）は、海軍一九一六機・陸軍一〇〇三機の計二九一九機とされる。沖縄戦では特攻全体の約八割の航空機（練習機を含む）が投入され、実際に損害を与えることができたのは二三五五機のうちの約二五〇機（全体の一一％）と推定されている（『日本の戦争Ⅱ暴走の本質』）。

この頃になると燃料の不足もあってパイロットは十分な訓練もできず、技量の低下と猛烈な対空砲火によって成功率も下がった。空母や戦艦などの主力艦を目標としたが、沖縄戦で実際に沈没させたのは駆逐艦以下の艦艇に過ぎなかった。

陸海軍によるこの航空特攻を指揮したのは、日吉の連合艦隊司令部であった。三月二〇日、陸軍の第六航空軍が連合艦隊の指揮下に入り、陸海軍の協力のもと九州の基地（鹿児島の鹿屋や知覧など）から「十死零生」の出撃が繰り返された。海軍の実施部隊の中心は鹿屋の第五航空艦隊で、海軍はこの特攻作戦を「菊水作戦」、陸軍は「航空総攻撃」と名付け、四月六日の菊水一号作戦から六月二二日の菊水十号作戦まで一〇回に及んだ。結果的に陸海軍ともに大きく戦力を消耗し、あわせて約四四〇〇人の搭乗員を失うことになった。

日吉の電信室では基地からの報告と敵艦突入の際に搭乗員が発信する「ツ――」という長音の発信音（長符連送）を受けていた。その微かな音が途切れる瞬間を地下の少年電信兵たちが聴いていたのである。

※海上特攻と大和の出撃

四月六日、戦艦大和を旗艦とする一〇隻の艦隊（軽巡洋艦一隻・駆逐艦八隻）が海上特攻に出撃した。帝国海軍最後の艦隊である。沖縄に突入後は座礁して砲台となり、砲弾が尽きた後は陸戦隊となって戦うという無謀きわまる作戦であった。

艦隊を率いた伊藤整一は、はじめ難色を示したが、連合艦隊司令部を代表して作戦命令の伝達に来た草鹿龍之介参謀長の「一億総特攻のさきがけとなってほしい」という言葉で出撃を承諾した。翌七日、不沈艦と呼ばれた世界最大の戦艦は、四〇〇機近い艦載機の約二時間にわたる攻撃によって沈没した。

一〇隻のうち六隻が沈没、あわせて四〇〇〇人近くの戦死者を出した。

大和からの詳しい戦況報告は日吉の電信室で受けていた。ここはまさに最前線の戦いの現場と直接つながる場所であった。

※本土決戦の準備へ

大本営は一九四五年一月二〇日の「帝国陸海軍作戦計画大綱」によって「本土決戦」の本格的な準備を始め、沖縄戦はそのための時間稼ぎと位置づけられていた。この本土防衛の作戦は「決号作戦」と名付けられ、連合国軍が一九四五年の秋に南九州もしくは関東に上陸することを想定し、陸軍は新たに一五〇万人以上を召集して大規模な兵力の増員をはかり、「一億玉砕《ぎょくさい》」「一億総特攻」のスローガンのもと、その準備を急いだ。

海軍は四月二五日に新たに海軍総隊を創設、海軍総司令部は連合艦隊・海上護衛総司令部・鎮守府・支那方面艦隊などを束ねることになった。日吉は本土決戦のために海軍の全作戦部隊を統一して指揮する場所になったのである。

迫り来る敵の侵攻を水際で阻止するため、既存の航空機や艦船以外の特攻専用の兵器の開発も進めていた。人間爆弾「桜花」、人間魚雷「回天」、特攻ボート「震洋」、潜水具を着用した兵士が水中に潜る人間機雷「伏龍」などである。日吉の司令部は全国各地に基地を設け、これらの配備を進めた。

※陣頭指揮か後方か

吉田満の『戦艦大和ノ最期』は、大和の出撃から沈没、漂流から生還までの出来事を艦橋勤務の副電測士の目で描いた戦記である。草鹿参謀長の命令伝達に対し、若手艦長の一人が次のように詰問したという。

連合艦隊司令長官ノ壮行ノ詞ニアル如ク、真ニ帝国海軍力ヲコノ一戦ニ結集セントスルナラバ、「ナニ故ニ豊田長官ミズカラ日吉ノ防空壕ヲ捨テテ陣頭指揮ヲトラザルヤ」

これに関して吉田は「若手艦長ガ特使一行ニ詰問セルハ、特攻艦隊総員ノ衷情ヲ代弁セルモノトイウベシ」と記す。

大和とともに海上特攻に出撃した軽巡洋艦矢矧の艦長・原為一によれば、連合艦隊司令部の作戦命令を聞いて、第二一駆逐隊司令・小滝久雄は声をふるわせて次のような意見を述べたという（『帝国海軍の最後』）。

「連合艦隊司令部は、いったいどこにいるのだ。日吉台の防空壕の中で、一時的に事務を執るのは已むをえないが、沖縄作戦、レイテ作戦の如き国家の興亡を賭する大決戦を何と思っているのか。当然陣頭に立って指揮すべきだ。

東郷元帥を見ろ！　ネルソンを見ろ！　敗戦の後、部下の過失や責任を云々しても、取り返しがつかないのだ。穴から出てきて、肉声で号令せよ」

戦争には命令を出す側と命令を受ける側がいる。多くの場合、命令を出す側は安全な場所に身を置き、命令を受ける側は最前線で戦い、南海の孤島で飢えに苦しみ、沈みゆく艦《ふね》と運命を共にする。連合艦隊司令部は前線のはるか後方、鉄筋コンクリートの堅固な建物と分厚い壁に覆われた地下三〇メートルの空間の中にあった。

※日吉から戦争を考える意味

アジア・太平洋戦争全体の日本人の戦没者数は、日中戦争を含めて約三一〇万人とされる。このうち軍人・軍属の戦死者は約二三〇万人、民間人は約八〇万人（うち空襲などによる国内の戦災死没者約五〇万人）で、全戦没者の実に九一％に及ぶ二八一万人が、一九四四年一月一日以降に集中しているといわれる（『日本軍兵士』）。サイパン陥落は七月七日、B29による東京初空襲は一一月二四日、その後本土空襲が本格化するから、推計二八一万人の戦没者のほとんどは、サイパン戦以降ということになるだろう。

日吉に連合艦隊司令部が来たのは九月二九日、この日から敗戦までの一一カ月は、戦争犠牲者の数が大きく増えていく時間と重なった。このような状況にあってもなお、日本の政府も大本営も日吉の司令部も戦争を継続し、勝算を欠いた作戦の立案と指令を続けていた。戦争を終わらせる決断を先へ先へとのばしながら、地下壕の工事も敗戦まで続けられ、日吉には総延長五キロに及ぶ大規模な地下壕群が残された。それに費やした膨大なエネルギーとはいったい何だったのか。なぜ戦争をやめることができなかったのか。

「日吉」について考える時、こうした大きな問題と無関係ではありえない。戦争が戦場における戦闘行為だけで成立するものではない以上、命令を出す側がどのような場にいたのかを知ることは、戦争というものの実相を考えることにつながる。「穴から出てきて、肉声で号令せよ」という言葉は、戦争の指導者に対する本質的な批判であるとともに、ここでの「日吉」はキャンパス空間から大きく離れ、戦争末期の滅びゆく「帝国海軍」を象徴する語になっている。「日吉」から戦争を考えることの最も大きな意味は、そこにあると思うのである。

6 空襲、そして敗戦

※日吉が受けた空襲

日吉は三度の空襲を受けた。日吉台地下壕保存の会は二〇〇八年二月から九月にかけて地域住民の方々から聞き取り調査をし、その結果を『日吉台地下壕保存の会資料集1　日吉は戦場だった』にまとめた。

一九四五年四月四日の空襲では、焼夷弾により箕輪・宮前地区などの民家が焼け、死者も出た。箕輪地区は約五一軒のうち半分の約二五軒が焼失、宮前地区は三一軒中二四軒が焼けた。慶應義塾

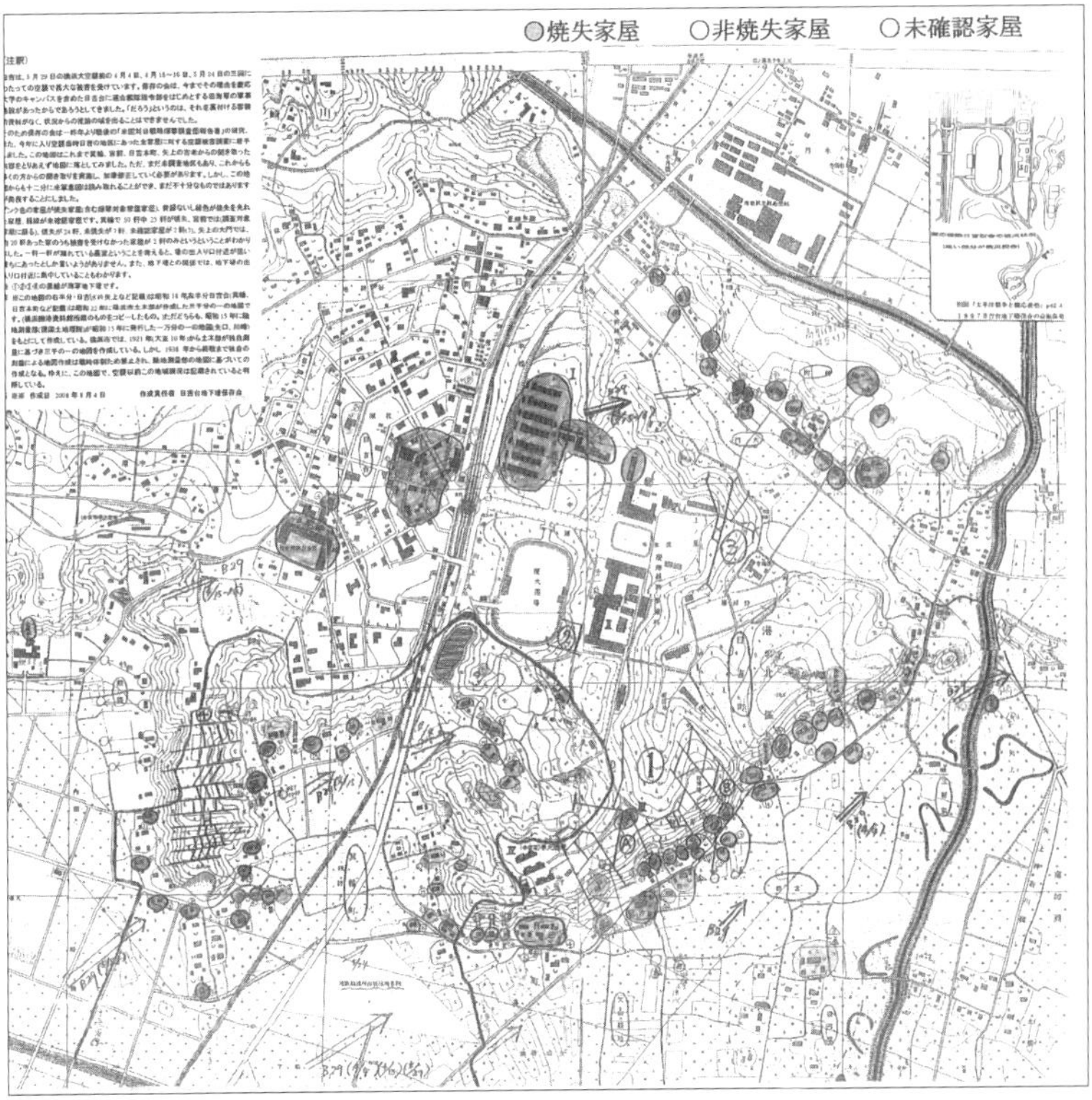

「日吉地域の空襲地図」（日吉台地下壕保存の会作製）

も寄宿舎近くの木造二階建ての体育会本部（海軍機関科が使用）を焼失した。寄宿舎の丘の麓の民家では二五〇キロ爆弾が落とされ四人が亡くなった。

四月一五日夜半から一六日未明にかけての空襲では、日吉駅前の一帯が焼け、日吉台国民学校（現・日吉台小学校）も全焼した。一九四四年九月一〇日に海軍省人事局功績調査部が入り、校庭に直径五メートルほどの円形のコンクリート構造物（軍人・軍属の功績関係資料の保管用）を作ったが、これは残った。大門地区（矢上周辺）では民家二〇軒中一八軒が焼失、キャンパスも工学部の校舎（現在の日吉メディアセンターと大学校舎がある場所）の約八割を焼失した。

五月二四日の空襲では再び箕輪地区が被災した。日吉の街が燃え、民家が燃え、木造校舎が燃える中、第一校舎と第二校舎は残った。寄宿舎も残った。鉄筋コンクリートの堅固な建物だったからである（「日吉地域の空襲地図」参照）。

※工業地帯に隣接していた日吉

日吉の空襲については、キャンパスだけでなくキャンパスの周辺、「日吉」という地域全体、もう少し範囲を広げて近隣の地域まで視野に入れる必要がある。さらに考えなければならないのは、なぜ「日吉」が複数回の空襲を受けたのか、ということである。日吉に隣接する綱島も大倉山も空襲を受けたが、とりわけ大きな被害を受けたのは川崎市中原区である。南武線沿線のこの地域は、重工業の東京湾臨海部に対し、電気・通信・工作機械等を主とする内陸部の工業地帯を形成していた。

日本電気・東京航空計器・三菱重工業川崎機器製作所・川西機械製作所・荏原製作所・沖電気などは、航空機の無線や計器類、戦車のキャタピラ、特殊潜航艇の部品などを製造する大きな工場だったが、全焼またはそれに近い被害を受けた。法政大学予科などの学校施設、病院や駅をはじめ、新丸子などの市街地の焼失家屋は二二〇〇軒以上に及び、多摩川の河川敷に避難する人々で道路は大混乱だったという（『川崎・中原の空襲の記録』）。

※戦争期・日吉の加害性と被害性

日吉に連合艦隊司令部があったことを米軍が認識していて、空襲目標としてここが特に狙われたとは今のところ考えにくい。ただし地下壕を掘った残土（廃土）の色は、航空写真で見れば明らかで、そこに何らかの地下施設が存在することはわかる。「日吉」が空襲を受けた理由については、米軍の資料を含めさらなる調査が必要であるが、「日吉」というこの地域は、戦争を指導した「加害」の場であるとともに「被害」の場でもあった。この点に関しても注意を向ける必要がある。

「日吉」は命令を出す者たちがいた場所であった。同時にここには、驚くほど多様な人たちがいた。まず大学で学ぶ慶應予科の生徒がいた。キャンパスには藤原工業大学があり、一九四四年八月には慶應の工学部に再編され、そこで学ぶ学生たちもいた。

第一校舎には軍令部第三部が入り、海軍の軍人とともに若い女性を含む大勢の軍属がいた。そこには学生の雰囲気を残す士官や外国の教育を受けた日系二世もいて、留学経験者の鶴見俊輔に象徴されるような知的エリートと呼べる集団を形成していた。女性理事生は良家の出身が多く、華族の令嬢もいたという。寄宿舎のある丘の上には、海軍の頂点となる軍人たちがいる一方で、その地下空間には一〇代の少年兵たちがいた。彼らはそこが連合艦隊司令部であることも知らずに、空腹に耐えながら遠い前線から送られる信号を受信し、作戦室の参謀たちはそこから浮かび上がる絶望的な状況に言葉を失った。

キャンパスやその周辺には、地下壕の建設に従事する設営隊の兵士や民間の建設業者の作業員が集められ、朝鮮人労働者も含めるとその数は数千人の規模となった。「日吉」には、何よりここで暮らす人々がいた。ある日突然海軍が来て、土地を安値で買い上げられ、家を移動させられ、網の目のようなトンネルが掘られていった。

一〇代の少年兵、二〇代前半の軍人や軍属、理事生、彼ら／彼女らの年齢は、ちょうど現代の高校生から大学生に重なる。立場や背景を異にするさまざまな若者たちがここに集まり、あるいは集められ、戦争期の「日吉」を形成していたのである。ここは空襲を受けた。軍隊の階級が高い者も低い者も、軍人も民間人も、男性も女性も、生まれ育ちや年齢に関係なく、ここにいたすべての人々の上に等しく焼夷弾の雨が降り、爆弾が落とされた。

もし本土決戦が行われていたら、帝国海軍の中枢として想像を絶する被害を受けることになったに違いない。

※玉音放送と遺された地下壕

敗戦の日、暗号兵の平田一郎は兵舎裏の松林で玉音放送を聴いた。ラジオの感度が悪く、松林で啼くアブラゼミの大合唱で内容が理解できなかったという。兵舎に帰って班長から「日本は負けた」と聞かされ、「しめた！　帰れる」と友と肩を抱き合って喜んだ。電信兵の高田賢司も負けたと言われてほっとしたと語る。私物は一週間ほどで全部燃やした。航空本部理事生の秋元千恵子は、玉音放送の後、机に伏して泣いた。翌日から書類の焼却が始まった。平田は次のように書き記す。

その数日後から、ジリジリと照る太陽のもとで、赤い表紙の暗号書や電文の焼却作業が始まりました。地下壕から持ち出した関係書類は膨大なもので、簡単に焼き尽くすことはできません。でも乗り込んでくる米軍が何を言い出すかわからない怖さで、夢中になって燃やしました。

連日にわたって暗号文や暗号書を燃やし、丘の上でも下でも、軍に関係する至るところで関係書類の焼却作業が続けられた。連合艦隊司令部参謀・中島親孝によれば、日吉の司令部には大きな混乱はなかったという（『聯合艦隊作戦室から見た太平洋戦争』）。

連合艦隊司令部の最後には、映画の種になるようなことは一つもなかった。終戦反対をとなえたものもひとりも知らない。

海軍は巨大な地下壕を残して去っていった。一九四五年九月八日、米軍が日吉に進駐、キャンパスは接収された。教室には海軍に代わって米軍が入り、ここが再び学びの場になるまでに、さらに四年の月日を要することになった。

◆引用・参考文献

・阿久澤武史『キャンパスの戦争　慶應日吉1934―1949』慶應義塾大学出版会、二〇二三年
・伊東三郎「地下海軍省分室と施設系残務整理回想記」『海軍施設系技術官の記録』同刊行委員会、一九七二年
・『川崎・中原の空襲の記録』川崎中原の空襲・戦災を記録する会、二〇一一年
・小谷賢『日本軍のインテリジェンス　なぜ情報が活かされないのか』講談社選書メチエ、二〇〇七年
・黒川創『鶴見俊輔伝』新潮社、二〇一八年
・実松譲『日米情報戦記』図書出版社、一九八〇年
・下村恒夫「連合艦隊日吉司令部跡を尋ねて」『ＫＥＩＯ　せいきょう教職員版』第六九号、一九九四年七月
・『高松宮日記』第七巻、中央公論社、一九九七年
・鶴見俊輔・加藤典洋・黒川創『日米交換船』新潮社、二〇〇六年
・豊田副武『最後の帝国海軍――軍令部総長の証言』中公文庫、二〇一七年
・中島親孝『聯合艦隊作戦室から見た太平洋戦争―参謀が描く聯合艦隊興亡』光人社ＮＦ文庫、一九九七年
・原為一『帝国海軍の最後』河出書房新社、二〇一一年
・日吉台地下壕保存の会編『学び・調べ・考えよう　フィールドワーク日吉・帝国海軍大地下壕』平和文化、二〇一九年
・日吉台地下壕保存の会編『戦争遺跡を歩く日吉』二〇一八年
・日吉台地下壕保存の会編『日吉台地下壕保存の会資料集１　日吉は戦場だった』二〇一五年

・防衛庁防衛研修所戦史室『戦史叢書 大本營海軍部・聯合艦隊〈6〉』朝雲新聞社、一九七一年
・山田朗『日本の戦争Ⅱ　暴走の本質』新日本出版社、二〇一八年
・吉田裕『日本軍兵士―アジア・太平洋戦争の現実』中公新書、二〇一七年
・吉田満『戦艦大和ノ最期』講談社文芸文庫、一九九四年

・本章で引用・参照した元兵士・元理事生の証言記録は、「日吉台地下壕保存の会会報」第七七号、一一二号、一一五号、一一六号、一一八号・一一九号、一二〇号、一二二号・一二三号、一三〇号、一三九号、及び保存の会の聞き取り記録に拠る。

III

慶應義塾と戦争

学生たちは何を考え、何が残されたか

都倉 武之

戦争末期、慶應義塾のキャンパスという教育研究の空間に軍事施設が同居していた。本章では、そのキャンパスに学んでいた戦時下の学生について考えてみたい。

筆者は学徒出陣七〇年の節目が話題に上った二〇一三年より『「慶應義塾と戦争」アーカイブ・プロジェクト』と銘打った活動を展開している。この活動では、以下の四つの柱を標榜した。

①戦争期の慶應義塾とその関係者に関する一次史料を収集する（モノ）
②多様な聞き取りを実施する（体験）
③当時の学生の実態を明らかにする統計的データを解明する（データ）
④資料を展示会やデジタルで積極的に公開する（公開）

一般的に、②聞き取りは多くの他の機関においても展開されたが、①「モノ」収集に重点を置いて積極的に掲げた機関はほとんどなかった。時あたかも、「戦争体験の継承」への危機感が社会的課題として声高に主張されはじめた時期で、この活動は戦争の歴史を語る主体が「人」から「モノ」へと移行する転換点に、教育機関の活動としてモノの収集を積極的に打ち出した点で注目された。

❊モノを集めること

筆者が「モノ」の収集を活動の中心に置いたことには、いくつかの要因がある。

戦争研究という分野は、いまだに「この人は右なのか、左なのか」とイデオロギーで色分けされて見られ、忌避されがちである。その原因の一つは、資料に立脚して実証的に検証することができるほど多様な背景を持つ資料が世に出ておらず、極めて限定的な資料（おもに公刊された文献）によって議論が行われていることではないかと考えられる。

戦争当時の若者たちが残した一次史料を豊かにすれば、資料に即して、より闊達《かったつ》に議論が展開される素地が醸成されるのではないか。多様な価値観を包摂すべき機関である大学にはそれができる。とくに学徒出陣世代は、学籍を残して軍人となったのであり、その実態を明らかにすることは学校史の一端を明らかにすることと同義で、それは学校史に関わる者の責務である。当時から学生数も多かった慶應が率先してやらねば、という多少の気負いもあった。

「慶應義塾と戦争」というテーマについては、既に戦後五〇年を前にして経済学部教授だった白井厚がゼミ生と共に行った大規模なアンケート調査や、戦没者調査による厚い蓄積が知られる。しかしこの調査では、実物資料は収集されなかった。白井調査を踏まえて、この分野の学術研究をより厚くする上では、資料に基づいて実証的に検証する可能性を広げる必要がある。

また、公刊された著名な遺稿などであってもその原本は十分検証されず、戦後改変された事例も明らかになっている（京都大学木村久夫の例など）。実物でしかわからないこと（例えば書かれた紙や筆記具、その筆跡から私たちは多くのことを知ることができる）など、多様な視点を広げるためにも、実物によって検証できることは極めて重要であろう。文書資料を中心として実物の資料を残しておく必要を重視したのは、このような意図からであった。

資料散逸の切迫感を身近に感じていたことも、大きな理由であった。学徒出陣七〇年の頃は、古物市場やオークションサイトなどに、戦争関係の資料が多数見られるようになった。この時期は、戦没者を直接知る親族（多くは兄弟姉妹）の世代交代のただ中にあった。断捨離《だんしゃり》ブームも相まって、残された品をどうすべきかという悩みを抱えた方に多く接した。慶應出身の宅嶋徳光《たくしまのりみつ》が残し、『くちなしの花』と題して公刊されている遺稿原本の管理に悩む遺族に出会い、寄贈を受けたことも、その意識に拍車をかけた。

この活動に多大な協力を惜しまなかった神代《こうしろ》忠男（一九四三年学徒出陣、昭和一九年三田会代表）は、「戦死した同級生は、結婚してない。だから奥さんも子どももいない」といつも口にしていたことを思い出す。研究者にとって「学術資料」となるこれらの品は、戦没者本人を知る遺族には、生涯身近に置きたい〝遺品〟であり、大切であるからこそ自由闊達な議論の対象とされることは好まれず、世に出にくい。一方でそのような感情を持つ者がいなくなった途端に、それらは扱いに困る「ゴミ」と化す可能性を持っている。また大切だからこそ、自分の手で処分する方も多いようであった（例えばお焚き上げ、納棺など）。この活動は、歴史化されなかった戦争資料のレスキュー活動であった。大規模災害などの際、古文書を廃棄から救う〝文化財レスキュー〟を念頭に置いていた。

また、収集対象は、「戦没者」の資料だけではないことも、強く意識したことである。運良く戦争を超えて戦後の生を繋いだ方の資料も、戦没者のすぐ隣にあったのであり、当時の若者たちの状況や心情を、できるだけ検証可能にするという目的で資料の密度を高くすることを主眼とするならば、戦没者も戦後健在者も同価値なのである。戦没者が遺せば貴重だが、生き残れば本人だけのプライベートな思い出の品と考える傾向が一般にあるように思われる。記憶の継承と盛んに言われる一方で、その記憶の物証の継承に危機感を抱いていた。

少々飛躍するようだが、この活動を通して筆者は福澤諭吉の『文明論之概略』の一節を念頭に置いた。従来日本史とされてきたものには、為政者の権力争奪の歴史しかなく、一般の人々の生活の実態が欠如しているという趣旨で、「日本国の歴史はなくして日本政府の歴史あるのみ」「日本には政府ありて国民（ネーション）なし」などとある部分である。その抜け落ちた人々の生活の実態を見ることこそが「文明史」の視座であると喝破した福澤の指摘をもって戦争研究を見渡すと、やはり為政者たちの動向と、ごく限られた特筆される戦没者の声だけで歴史が描かれているきらいがあるのではないか。

ＥＵ圏では文化遺産を共有する巨大なデジタルプラットフォーム europeana が作られている。そのプロジェクトのひとつ「europeana1914-1918」では、第一次世界大戦に関するあらゆる一次史料が収集され、誰でもアクセスできる形でインターネット上でデジタル公開された。この試みは公共機関の所蔵品に限らず、市井の人々が家庭で保管する資料も貪欲に収集したことに特徴がある。その結果、公開されている資料は数十万件を下らない。

我が家に残された祖先の記録が、世界史上の第一次世界大戦の一端をなすという、市民的な歴史の皮膚感覚が自然に培われている結果と言い換えることができると思う。

※どのような意味があるか

筆者は、慶應義塾に何らかの関係がある資料であることを収集条件とした。徹底して慶應の関係者に引き寄せた資料群とすることが、その資料の意義を正確に把握し研究を掘り下げるため、また教育活用を広げる意味でも重要と考えたのである。もちろん広く戦争の時代の資料、あるいは学徒出陣関連の資料を、学校を問わず収集することも可能であったが、そのようにしたときには、目的が散漫となり、かえって誰からの関心も薄い資料群になってしまったであろう。

しかしこの方針には異議も寄せられた。「学徒」を対象にすることさえも強い異議が唱えられたことが思い出される。学徒出陣を経験した四名の戦争体験者の話を聞く座談会形式で開催したある講座で、会場から次のような質問が出た。「戦争体験を学徒兵に限定して語ることに意味があるのか、農民兵士などの死は意味がないというのか」という趣旨であったと記憶する。

図らずもその時登壇していただいていた瀬川清（一九四二年慶應義塾大学予科入学、戦後は京都大学卒）の回想に、私なりの答えがある。瀬川は大学予科二年に在学中、学徒出陣で海軍に入隊、大分県大神《おおが》基地での人間魚雷回天の操縦訓練中に敗戦を迎えた。

二〇一三年一〇月にご自宅を訪ねた際、瀬川は、軍隊で死を意識したことがあったか、という問いに、次のように答えた。

〓　理屈っぽい話ですが、（軍隊生活では）死ということを意識させる場所をつくらさないんです。

私自身でも、グーッと（死の恐怖を）思ったのは、トイレのときだけです。恥ずかしいですけど、トイレの中にいるときだけ不安を感じます。（トイレから）出てくるでしょう。そうするとみんなグループですわ。（気を）紛らわすわけです。意識を避けると言うんですかね。意識から逃げるというのか、そういう（死を意識する）場所をつくらないために、とにかくグループでワイワイやっていました。

瀬川は続けて、これは自分を含む大学出身の予備学生の意識で、それよりも年少の予科練や、あるいは軍人を自ら志したエリートの兵学校出の人々とは意識が違うと感じたという。そしてこう続けた。

つらいことをどう思うかということ、そういう方法を知らないと言ったらおかしいですが、それがやっぱり大学へ行っている人との違いで、学問というものはそういうものかなと。理性と感情をどうバランスとるというのかね。そういうことが一応訓練を受けられているんやなと僕は思いました。とにかく学生のときはそういうことが非常に大事やなと思います。結局何か考える場があるわけでしょう。婆婆《しゃば》っ気が多いのかどうか知りませんけど、何か考えることが多いだけが大学生の取り柄《え》かなと思いました。

学徒兵の、少なくともその一つの傾向は、自分が置かれた状況を理性的に理解しようとすることであるという。そして自分の現在の訓練の積み重ねが行き着くところ、すなわち自らの死を考えることを忌避するため、一人になることを避け、集団行動に埋没したというのだ。その「考えてしまう」ことこそが海軍でいうところの〝娑婆っ気〟であり、それこそが学徒固有の特性だというのである。

そうであるから、日頃から真正面に死に直面する苦悩の思索を言語化する者もあれば、もはや逃げ場がなくなった出撃直前などの遺書に、自らの死を意義あるものと納得しようとする言葉を残す者もおり、最後まで徹底して死への意識を避けて言語化しない者もいるなど、多様な姿が残されている。

苦悩を言語化している資料だけが貴重なのではない。彼らがその苦悩を強いられ、言語化する・しないの選択を迫られた、その多様な有様の総体にこそ意味があるのではないか。今日に伝えられている彼らの資料によって彼らのその時の思考や心理を借り、追体験することは、学問を志す者にとって意義のあることだと思うのである。

もちろん、ある遺稿を見て、それを書き残した者の思考の全容がわかるはずはない。彼には彼のそれまでの人生があり、戦争体験のスタートラインが一人ひとり異なるのである。完成した文学作品を読むように、ある時点の私人の言葉を読むことで、何かをわかったように語るのは、いささか傲慢とも思われる。

資料と向き合う際には、できるだけ対象に寄り添い、細かい情報も漏らさぬように理解しようとする謙虚さが重要である。一メートル隣にいた人でも戦争体験は全く異なる、と前述の神代忠男が常々語っていたことも思い出す。神代は戦争末期、浜松の第一航測連隊にいた際、すぐ隣にいた部下が機銃掃射で撃たれ、空襲続く中で医務室に担ぎ込んだ体験を持つ。すでに息絶えた部下を前に感じた、これは自分だったかも知れない、との思いは、ステレオタイプな戦争理解への違和感となっていたようだ。

文部省主催の、あの有名な神宮外苑競技場の出陣学徒壮行会を、雨を嫌って友人とサボった体験談などは、従来誰からも語られたことのない――しかし慶應出身者の聞き取りを重ねると決して少数派ではない――生々しい感覚として極めて貴重なものであった。

具体的な資料から何がわかるか、わからないか、を考えるという作業は案外疎《おろそ》かにされている。ここにプロジェクトで収集された、いくつかのモノとそれをめぐる思索を書いてみよう。

※戦時の〝言葉〟を読む

まず、戦時の言葉をどのように読むべきかを考えさせられた、いくつかの資料を取り上げてみたい。

①徴兵と学生

最初は、いわゆる学徒出陣が発表された時の学生の反応である。

「学徒出陣」は多義的に使われる言葉であるが、ここでは最も狭義、すなわち従来義務教育以上の教育機関に在籍する学生、生徒に対して認められた徴集延期（徴兵猶予）を政府が停止し、徴兵年齢の満二〇歳を超えている者に臨時徴兵検査を実施し一九四三年一二月に陸海軍に召集したことである。その発表は同年九月二二日、東條英機首相のラジオ演説でなされ、細則は一〇月一日に公布された。

ある学生の日記の数日分を抜粋してみる。

九月二十二日

夜ラヂオで法文経系統の学生徴集延期取消のニュース聞く。愈々《いよいよ》来た。噂は聞いてゐたがついに決まった、哀れ銀行会社に入り平和な私生活と安楽を夢見た幾多の青年はかくして国の為、全てを忘れ、只一途に国の為奉公せねばならぬ時が来たのだ。学校は潰れる。将来の保証は無し。行く手には只一つしかない。戦争にゆく事。……此の際誰もの心に起るのは虚無感であろう。学校を卒業して征くは未だ心残りない。然し我々は卒業する迄といふ少くとも安全な道があった。それが急に取除かれて眼の前に深い真暗な穴が横《よこた》はってゐる。

冷静になろう、決められた以上騒いでもせうがない。諦めるのだ。静かに時の来るのを待たう。

十月一日

今年の十二月海軍の一般予備学生の募集あったら受けやう。父母に黙って受けて見やう。落ちたら来年を待つ。入ったら今年皆と一緒に隊に入る、今宵《こよい》こそ覚悟を決める。母は私が一日でも長く傍に居て欲しいらしいが、国の大事を思へばそんな事も許されぬ。孝よりも先《ま》づ忠である。

十月六日

（前略）教練。徴兵の事の話の後、代々木迄行軍。終って解散後久保田、柳田、牛尾、伊東、菅野、堀尾等と西村へ入ったり白十字へ行ったりして話する。皆十二月に入る。之が最後かもしれぬ。かうして予科入学以来四年間互ひに親しんだ者達が二月後にはちりぢりばらばらに分れてゆく。永久に分れてしまふ人も居ろう。悲しかった。誰の胸も思ひは同じであろう。悲をじっと噛みしめて雄々しく立たねばならぬのが、この世の中なのだ。然し今日を最後と思った白十字の中の皆の顔忘れられない。帰り五時半頃で空は今日も美しく夕焼けしてた赤い赤桃色の雲が大空に走ってるのが皆の顔にも映えてどの顔も明るい赤い顔をしてる。学生生活、青春、全ての感慨もたち切らねばならぬのだ。雄々しく。

この日記を残した深柄光勇《ふかつみつお》は、学徒出陣の対象となった最年少の学年の早生まれに当たり、一九四三年一二月には徴兵されなかった（一九二四年二月生まれ。徴兵対象は一九二三年一一月三〇日生まれまで）。翌年海軍に入隊し、シベリア抑留を経験することとなるが、幸い生還した（二〇〇四年逝

去）。この日記には、自らは辛うじて対象とならなかった「学徒出陣」の報でありながらも、「虚無感」「深い真暗な穴」「諦め」が記される。しかし一週間あまり後には、同級生たちと同時の入隊を願い、海軍予備学生に志願したいとの希望が記されている。さらに徴兵される友人たちとの限られた時間を惜しみ、「全ての感慨もたち切らねばならぬのだ」とあるのは、この事態を粛々と受け止めねばならないという義務感に駆られている姿を伝えていよう。

これらわずか三日分の日記においてさえも、同一人の日記は激しく変転を見せ、論理的に説明することは容易でない。

②「敵性スポーツ」と大学

次に、学生スポーツに関連する資料を見てみよう。当時は、満二〇歳を過ぎた男子は徴兵されるのが当たり前で、卒業まで徴兵を猶予される特権を有した学生たちへの世間の視線は厳しく、彼らが欧米由来のスポーツなどに勤しむことには、特に批判的なまなざしが向けられ「敵性スポーツ」と呼ばれた。政府も、そのような競技を冷遇、一九四三年三月二九日には文部省が「戦時学徒体育訓練実施要綱」を発表し、「男子学徒ニ在リテハ卒業後其ノ総《すべ》テガ直チニ将兵トシテ戦場ニ赴クベキヲ想ヒ、之ニ必要ナル資質ノ錬磨育成ニ力《つと》ムルコト」を求め、課外の体育訓練として重点を置く種目を次の通り指定した。

・戦技訓練（行軍・戦場運動・銃剣道・射撃）

・基礎訓練（体操・陸上運動・剣道・柔道・相撲・水泳・雪滑・球技〈其ノ他適切ナルモノ〉）
・特技訓練（海洋訓練・航空訓練・機甲訓練・馬事訓練）

単に「其ノ他適切ナルモノ」とある「球技」に何を含めるかは学校長判断とされ、列挙されなかった種目は、暗に行わないよう示唆された形である。各大学は対応に迫られ、要綱発表の二日後の『読売報知』は、日大は「野球、庭球は廃止」、慶應は「素手でも結構　伝統の野球を育てる」と報じている。この一週間後には、文部省による東京六大学野球連盟の解散決定が報じられる。

①予科生のアルバムのスキー写真
（五島岩四郎旧蔵）※

その一方で、「直チニ将兵トシテ戦場ニ赴ク」ことに「必要ナル資質ノ錬磨育成」に役立つと政府に明示的に公認された種目は、大手を振って継続することができた。そのため驚くべきことに、本プロジェクトで収集された学生のアルバムには、スキー場で笑顔で写る学生の集合写真が多く見受けられ、中には一九四四年三月の写真もある。（写真①）「基礎訓練」に「雪滑」とあるのはスキーのことだ。

ここで体育会ホッケー部に所属していたある学生の日記を紹介しよう。前述の要綱の発表に対する反応である。

戦時学徒訓練実施要綱が発令された。待詫《まちわ》びて居たものだ。がまあ安心した。又日本人の窮屈さを暴露する様な結果が到来するものと秘かに心配して居たんだが、ホッケーも何とか残った。と云《い》ふより表向には出さないが、内々には認めてない様な書振で、一日一回の体育訓練の余暇にはやってもいゝことになったが註が付てゐて、特技とは闘球その他適切なるものとして、その他の種目は当局の口吻《こうふん》では、ア式蹴球、籠《ろう》球、送球に限ると云ふ様なことで、他の種目は学校長の採択に託すとある。そこで暗に他種目の全廃を、要望してゐる。男子では睨《にら》まれたものは、庭球、野球、排球、杖球《じょうきゅう》と云ふ話だ。

差当《さしあた》って我々の問題の中心点は、軍、文部当局より、塾長へと転化した訳だ。嘗《かつ》て我体育会庭球部の選手たりし塾長さんの考は？　四月二日附東京新聞を見て流石《さすが》は我等の塾長さんと、手を合せて拝みたくなった。

小泉さんは言ふ！　この案には賛成する。大学は士官を養成する所だ。従って学徒体育が従来の娯楽本位的なもので決して良からう筈はない。然し、従来の体育にもその「良さ」があった。今回の実施要綱を十分活用する為には従来の体育の良さを付加せねばならない。戦技は射撃と銃剣術が行はれてゐるが、その重要性に比しこの方面の練成が不十分であったことは否めない。一例をあげれば行軍力である。これは徒歩通学とか学科の一つとして行軍力増強に努めることも考へられる。たゞ行軍力を養ふとか、射撃をやる事とか云ふものゝみを練成すればいゝと云ふのでは、学徒体錬もスタートの華かさに比し、永続きせぬであらう。一様に課せられたものでなく学生が若き情熱を傾け得る興味的要素を盛る事が長い効果の為に望まれねばならぬ。

運動選手の中から立派な軍人を出したと云ふ過去の事例は運動競技自身の中に之を肯定させる要素を含んで居た。即ち数々の試合の中に養成された闘志、勝敗の転機を掴む直感力、忍耐力がそれである。決戦下の学徒体錬方向の修正の必要を痛感する一方この体錬が従来の運動が与へた三つの精神訓練的要素を十分取入れる様な方法を持つ事も必要であらうと思ふ。

精神的にも肉体的にも画一に陥らぬ様、学徒の熱意を十分結集する様な方向に学園の体錬を導くことが大切である。

やはり塾長は一寸《ちよつと》違ふ。結局従来の方法も活用することを断言し、行軍射撃のみが練成でないことを痛快にも喝破して呉れた。こう云ふ人々が居る間は日本は未だ大丈夫だ、安心々々。

この記述で引かれた慶應義塾長・小泉信三の記事は、「この案には賛成する」と記した上で、さらに「大学は士官を養成するところ」と続けている。小泉はしばしばこの言い方をしており、学問の場を兵営に変えてしまったとの批判もある。ところが、ここでは、この前置きをすることによって、当局が暗に望む、「庭球、野球、排球、杖球」などの全廃ではなく、これらの存続を認めるという結論を導いていることがわかる。小泉が活字で戦時に残した言葉を、同時代に生きた学生がどのように読んだかを伝えている点で、大変興味深い。当時の言説を理解しようとするときに、同時代のコンテクストに十分なアンテナを張る必要があることを痛感させられる資料といえよう。

杖球と呼ばれていたホッケー部の存続を巧妙に代弁した小泉の発言に歓喜し、「流石は我等の塾長さん」と記した日記の筆者、忽那《くつな》静夫はこの年、学徒出陣で陸軍に入隊、特別操縦見習士官二期生として陸軍パイロットとなり、二年後、哨戒《しょうかい》飛行中に戦死した。

③残された肉声

戦時の言葉の難しさを感じさせてくれる、珍しい音源が残されている。人間魚雷回天による特攻戦没者である塚本太郎の肉声である。彼は商工学校より慶應に学び（一九四一年大学予科入学）、水泳部水球部門のゴールキーパーとして活躍した。音声は一九四三年一二月の学徒出陣による海軍入隊の直前にレコードに吹き込まれたもので、一二歳年が離れた弟の悠策《ゆうさく》（一九五九年文学部卒）が、後年、母の遺品の中から発見したものだ。父が銀座に持っていた録音スタジオで収録したものと推測されている。

その音声の内容をまず文字に起こしてみよう。

父よ、母よ、弟よ、妹よ。そして長い間育んでくれた町よ、学校よ、さようなら。本当にありがとう。こんな我儘《わがまま》な者を、よくもまあ、本当にありがとう。僕はもっともっと、いつまでもみんなと一緒に楽しく暮らしたいんだ。愉快に勉強し、みんなにうんとご恩返しをしなければならないんだ。

春は春風が都の空におどり、みんなと川辺に遊んだっけ。夏は氏神様のお祭りだ。神楽囃子《かぐらばやし》があふれている。昔は懐かしいよ。秋になれば、お月見だといってあの崖下にスキを取りにいったね。あそこで、転んだのは誰だったかしら。雪が降り出すとみんな大喜びで、外へ出て雪合戦だ。昔は懐かしいなあ。こうやってみんなと愉快にいつまでも暮らしたい。喧嘩したり争ったりしても、心の中ではいつでも手を握り合って。

しかし僕はこんなにも幸福な家族の一員である前に、日本人であることを忘れてはならないと思うんだ。日本人、日本人。自分の血の中には三千年の間受け継がれてきた先祖の息吹が脈打ってるんだ。鎧兜《よろいかぶと》に身をかため、君の馬前に討死した武士の野辺路の草を彩ったのと同じ、同じ匂いの血潮が流れているんだ。

そして今、怨敵《おんてき》撃つべしとの至尊《しそん》の詔《みことのり》が下された。一二月八日のあの瞬間から、我々は、我々青年は、余生の全てを祖国に捧ぐべき輝かしき名誉を担ったのだ。

人生二〇年。余生に費やされるべき精力の全てをこの決戦の一瞬に捧げよう。怨敵撃攘《げきじょう》せよ。親父の、お爺さんの、ひいお爺さんの血が叫ぶ。血が叫ぶ。全てを乗り越えてただ勝利へ、征くぞ、やるぞ。

年長《た》けし人々よ、我等亡き後の護りに、大東亜の建設に、白髪《はくはつ》を染め、齢《よわい》を天に返して健闘せられよ。また幼き者よ、我等の屍《かばね》を踏み越え、銃剱《じゅうけん》を閃《ひら》めかして進め。日章旗を翻して前進せよ。至尊の御命令である、日本人の気概だ。永遠に栄あれ祖国日本。

我等今ぞいかん、南の海に北の島に全てを擲《なげう》って戦わん。大東亜の天地が呼んでいる。一〇億の民が希望の瞳で招いている。

みんな、さようなら。元気で征きます。


これを読むと、前半と後半で明らかに話のトーンが異なっており、軍国的で勇ましい色彩を帯びた後半部分は、昔を懐かしむ前半の印象をすっかりと消し去ってしまう。

この音声から考えたいのは、塚本が最後に残す声として、前半も後半も欠かせないものであった、ということである。

塚本は、話題が多い人物だ。筆者は海軍時代の彼を知る慶應出身者二名と出会った。一人は海軍川棚魚雷艇訓練所にて、塚本の隣のベッドに寝ていた小俣嘉男（一九四六年経済学部卒）で、塚本とは大学予科でも同期だった。塚本は長男であるため、本来ならば特攻志願が出来ないが、血書を上官に提出して直訴し、特別に志願を認められたという。小俣は塚本の戦友として上官から塚本の血書に意見を求められた。「そこまでの思いならば、遂げさせてやるべきではないでしょうか」と返答したことが良かったのか、小俣は七〇年を経過しても考え続けていた。

岩井忠正（一九四七年文学部中退）は、人間魚雷回天から人間機雷伏龍《ふくりゅう》の訓練に転じた稀有《けう》な体験者である。学徒出陣で同時に海軍に入隊した弟忠熊（京都大学卒、のち立命館大学教授）はモーターボート特攻震洋の訓練を受け、兄弟揃って一〇〇歳を越えてなお体験を語っていた（忠正は二

○二二年逝去）。忠正は山口県の光基地にいたとき、出撃直前の塚本の訪問を受けたことをくり返し語っている。塚本と面識はなかったが、ただ慶應出身というだけで会いに来たという。共通の話題もなく、ただ握手をしたという、まことに奇妙な体験談である。

忠正は、大学では哲学を専攻し、学徒出陣時に弟と「Kaiser（ドイツ語で天皇）のためには死なない」と語り合い、戦後は積極的に平和運動に参加した。塚本は、体育会水泳部に所属し、「自分のためには汗を流し、人のためには涙を流し、国の為には血を流す」と語っていた血気盛んな青年で、全く異なるタイプと感じられた。しかし意外なことに、忠正は「俺には塚本の気持ちがわかる」と幾度も語った。出撃直前、自らと何らかの繋がりがある人を探し、それを愛《いと》おしみ、生を惜しんでいたのではないか、と理解したのである。

②前列中央、制服姿の塚本太郎を囲む親族。太郎の右に弟悠策。背後に両親※

実は塚本は、一九四四年一一月、東京田端の両親の元へ最後に帰郷した際、別れ際に弟の悠策にも奇妙なエピソードを残している。

突然、弟の頬を無言で力一杯殴ったのだ。その日に撮られた家族写真（写真②）において、久しぶりに会った兄の横で満面の笑みを浮かべる悠策は、兄の一撃を全く理解できなかった。しかし今では、「二度と会えない兄の存在を幼い弟の頭に焼き付けたかったのではないか」と理解している。

言語化されない戦時の——否、人間の——コミュニケーションの複雑さを、これらに見ることが出来るのではないか。最後の帰郷後に出されたと考えられる、太郎から両親への書簡もまた、太郎の一つの顔を伝えている（回天記念館蔵）。

（前略）体に気を付て下さい。便りは致しませんが、心配なさらんで下さい。昔の私ではありません。御両親の幸福の条件の中から太郎を早く除て下さい。話さねば、会はねば分らぬ心ではない筈。何時の日か、喜しい決定的便りをお届けします。正直な処、チョット幼いころが懐しい気がします。帰りの車中はお陰で愉快でしたが、母上の泣声が聞えて嫌でした。もっと愉快になって勝利の日まで頑張て下さい。悠策や日出子、五百子はきっと親孝行をするよい子になりますね。パパ、ママ、私のすることを信じて見てゐて下さい。

特攻出撃を意味すると思われる「嬉しい決定的便り」を出すことを心待ちにすると記す血気盛んな顔と、「幼いころが懐しい」と、幼時になぞらえてか、「パパ、ママ」と呼びかける姿とが、同居しているのである。相矛盾することのような感情を忖度なく表出する〝娑婆っ気〟を見せる塚本太郎もまた「考える」学徒なのである。

このような多様な例の中で、第Ⅳ章に取り上げた上原良司は、「考える」ことの言語化をやめなかった学徒の例として見ることが出来るのではないだろうか。

④言語化されない心情

ここまで取り上げた事例は、内地で豊かといえなくても言葉を残せる環境があったケースである。意図的に残すことを選ばない人もいるし、何とか声を出そうと、手を尽くすこともある。たとえば、休暇で基地から外出を許された時に、立ち寄り先の民間人に郵送の代行を依頼することは可能であり、実際に軍事郵便ではない軍人からの手紙は珍しくない。封筒に記された差出人が他人名義になっていることもある。特攻の場合、外地からの出撃でなければ、最後に帰省を許されるのが通例であり、その際に、言いたいことを遺書に託すのは前述の上原良司である。

しかし死の直前までそのようなコミュニケーション手段があることは、軍人の全体からすれば稀であり、残されなかった言葉が無数にある。

学徒出陣で陸軍に入隊した河合次郎（一九四一年大学予科入学）の場合は、入隊早々に外地に送られ、出発時に遺書を書かされている。以後、親しい人とのコミュニケーションを永久に断たれる実感もないまま残された遺書の文面が左のものである。

命により遺書を書くことになりました。もとよりこれが遺書にならうとは自ら決して思って居ません。故にこれを書いて居る今も少しも深刻な気持はしません。

自分には勿論財産もなく又独身故《ゆえ》、万一の場合も遺書を書く様な必要があるとは思はれません。今まで自分を育てゝくれた河合家の良い環境に自分は唯感謝するばかりです。そして何一つ家のためになすことが出来なかったのが残念です。万一の場合は唯次の項を家の記録にのせて下さい。「次郎と言ふ者があった。慶應義塾大学法学部在学中、大東亜戦争の熾烈化するに伴ひ、敢然として銃を取り、大東亜共栄圏建設の礎となって一兵として散華したと。唯かう伝へて下さい。

あとのことはすべて父及び兄上にお願ひします——甚だ御迷惑ですが——

唯これだけです。

死の切迫感のない気恥ずかしさと戸惑いが漂う文面であるが、この一文を最後として、河合は一九四四年七月にサイパンで戦死する。

直接的な表現を残さなかった例としては、河野宗明という青年を挙げてみたい。彼は普通部より慶應に学び、一九四三年学徒出陣で海軍飛行予備学生へと進む。そして、水上偵察機による特攻の偵察員（操縦員の後ろに同乗）となり、一九四五年五月四日、九四式水上偵察機による特攻で、指《いぶ》宿《すき》より出撃し戦死した。同日の水偵出撃では、河野を含め三名の慶應出身者が戦死した。

彼が軍隊時代に出した葉書が六〇通以上残されている。筆者はかつて学生とともにこれを読み解き、海軍での彼の心情の変化を追おうとした。しかし、残された全ての葉書を解読しても、そこに並ぶのは、「張切《はりき》って軍務に精励」「元気頗《すこぶ》る旺盛」といった言葉ばかりで、これだけ多くの葉書が残されながら、彼の心情は全く明かされていなかった。

海軍時代の彼を直接知る方に話を伺っても、物静かというだけで強い印象を残していなかった。彼は芸術に関心が高く、学生時代に趣味で作曲した楽譜が何枚も現存し、さらに海軍入隊後に作られた俳句集も残されていた。感受性豊かな控え目な青年は、訓練の合間に、心境を俳句に仄《ほの》かに託し、直接的に言語化することには背を向けたのである。

残菊五句

残菊や住む人ぞ無き垣の中
哀れにも床しき菊の残り哉《かな》
宵闇や雨の小菊を踏みにけり
菊残る淡き月夜の別れ哉
雨冷ゆる傘影に入る小菊かな

※戦時の〝字〟を通して考える

残された戦時の〝字〟に意識が向いたのは、連合艦隊司令部の地上施設として利用された慶應義

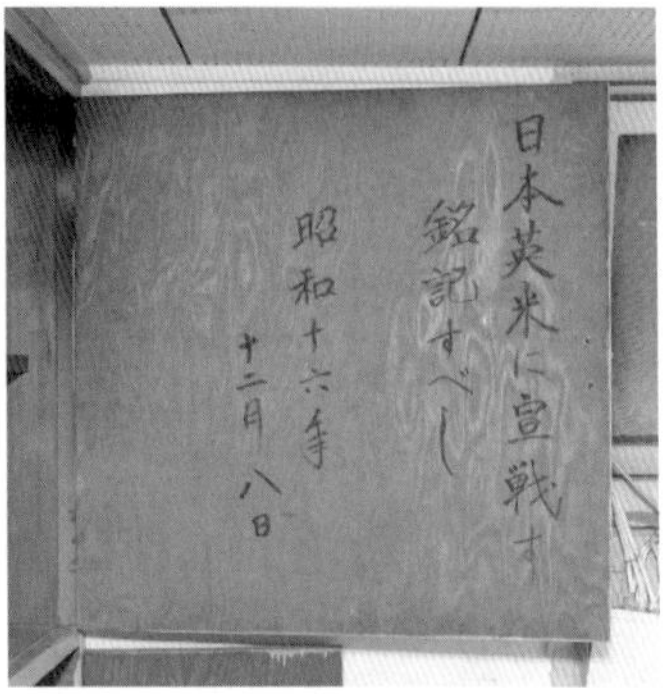

③楷書の落書き（石戸晋撮影）

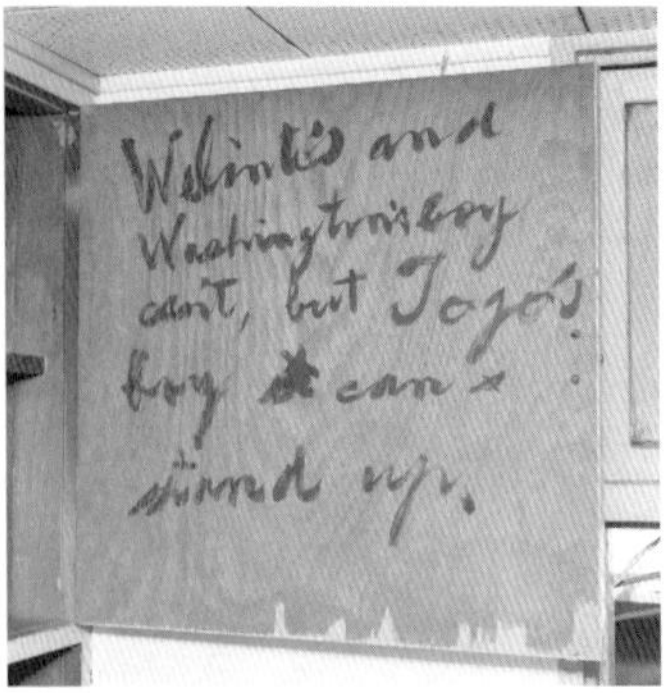
④英語の落書き（石戸晋撮影）

塾の日吉寄宿舎で、たくさんの落書きを発見したときである。

この寄宿舎は一九三七年、建築家・谷口吉郎の若き日の作品で、当時の学生寮の常識を破る全室洋個室、大浴場や床暖房、水洗便所を完備した快適な空間であった。だがそれゆえに、戦時下に海軍、次いで戦後米軍に使用され、本来の状態で使用されたのはわずか七年に過ぎない。

各個室備え付けのタンスの扉裏に、多くの戦前、戦中の落書きが残され、その上に戦後の学生の言葉が書き継がれていることに気がついたのは、二〇一〇年のことであった。中でも印象的だったのは、対称的な筆勢である。

日本英米に宣戦す　銘記すべし

昭和十六年十二月八日（中寮三〇九号室）

文字通り、これは開戦の日に、その衝撃を書かずにいられなかったのであろう。端正な楷書で大書された字は、張り詰めた緊張感を帯びている。（写真③）

それに対して、殴り書きとしか言いようのない落書きも目につく。

（写真④）

Welinton's and Washington's boy can't, but Togo's boy can stand up.（中寮二〇八号室）

Was in der Jugend uns verirrter Alltag ist, erscheint uns später wie ein Märchentraum.（中寮二一三号室）

この二つは、外国語で乱雑に書かれている。前者は、軍功を誇る英米の英雄、ウェリントン（正しくはWellington）とワシントンの「boy」――つまり英米の若者――に対して、日本軍が誇る東郷平八郎の「boy」が起つ――すなわち日本の学徒出陣を意味しているのであろう。後者はドイツ語で、「悩み多き若き日の日常は、時が経《た》てばまるでおとぎ話のように思える」という意味となる。

こういった落書きについてはこの寮の開設五〇周年記念誌に、かつての寮生による回想がある。

多分うす汚れてしまい、幼稚ないたずら書きとしか見えないことであろう。当然のことである。それは四十数年も昔のことである。今、何の意味もないのは当然である。いやその時ですら書いた人以外には意味のないものであった。また書いた人自身も忘れてしまった忘却の彼方に埋没したことでもある。それらは昭和十八年と十九年に学徒出陣とか徴兵と言う名の下に寮を去って行った者たちが書き残した名前なのである。二十歳前後の年頃であったろう。娑婆に居られるのはあと何日と数えて過《すご》す夜、僅かな酒の勢いを借りて書いたものである。こめられた思いはそれぞれであったろう。だが他人が窺い知るような、なまやさしいものではなかったろう。

右の回想を記した人物の落書きが残っている。

思ひ出は湧きて尽せじ二本の櫟《くぬぎ》の本にあかねさす時
昭和十九年九月二十日　海軍予備生徒入団　奥津透
祖国勝利之日再び学之殿堂となるを信じて
海軍に明け渡しの日（中寮二一二号室）

奥津以外でも落書きのことを後に書き残している者がいる。

部屋のロッカーの扉の裏に辞世の句のつもりで墨で色々書きつらねた。撃ちてしやまん！死して護国の魂とならん……等に当時の合い言葉みたいなものをただ無性に書きなぐったものと思う。

この回想の名前と一致する落書きも見つかった。（写真⑤）

お丶世紀の足音がきこえる　なつかしの部屋　心のふるさと　栄あれ！

⑤乱れた筆跡の落書き（石戸晋撮影）

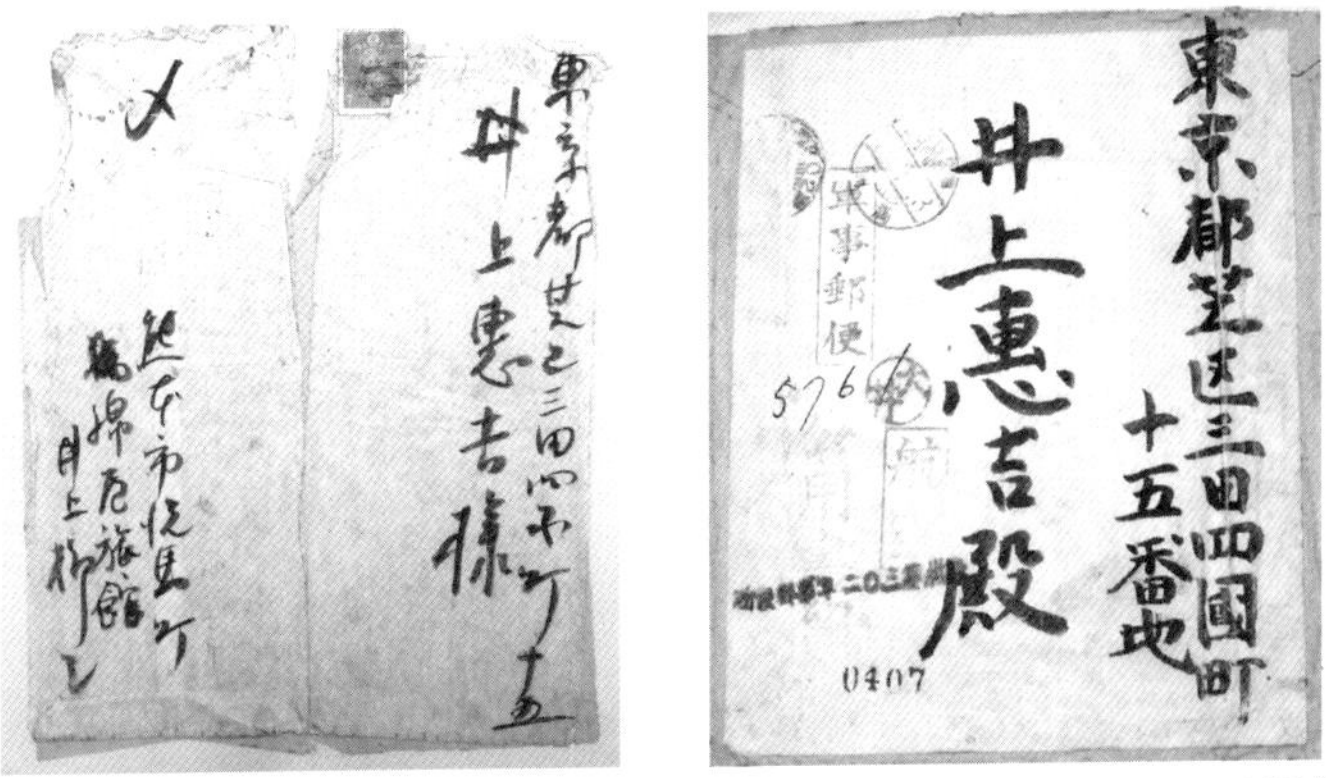

⑥1944年７月の軍事郵便（右）と1945年3月の遺書が届けられた普通郵便の封筒※

昭和十八年　高堂信吉（中寮三一一号室）

軍入隊前の悲壮な書ではあるが、どこか若々しさがあふれている。もう一つだけ、落書きを紹介してみよう。

若かったのでそして希望にみちていたので彼は如何なる外的事情の組合せによって希望を挫かれる事を拒んだ。運命そのものによってさへも。

思ふこと数多《あまた》あれど黙してぞ　寮庭《にわ》の櫟に語れと告げむ

平賀雅晴　昭和十九年九月十五日　さらば懐しの寮よ（中寮二〇七号室）

筆勢を意識した遺書もいくつかある。井上柳三（一九四二年九月法学部政治学科卒）の遺書はその一つだ。彼は誠第三九飛行隊蒼龍隊の一員として一九四五年三月三一日に特攻出撃したが、間もなく機体不調のため帰投したところ、滑走路上で敵機の攻撃を受け、風防ガラスを開けて降りようとして爆死したと伝わる。出撃四日前の家族宛遺書は、「父上様　母上様」に宛てて、「大東亜聖戦以来

数十万数百万の若人が征き且つ散りました。そして今、更に一人の若人が征かんとして居ります。それは僕です」と書き出す。「何卒僕一人の散華に気を落さないで下さい」と励まし、次いで弟たちに「両親を頼む」と記す。さらに妹たちに「我儘な兄を許せ。俺はお前達が男だったらやるだろうと思はれることをやるのだ。俺の誉だ。此の兄を持ったことを誇ってくれ。体に気を付けて元気でやってくれ。朗らかにやってくれ。仲良くやってくれ」と本文を結び、「昭和二十年三月二十七日夜　柳三」と署名している。

この手紙は一続きの巻紙に毛筆で一気に書き上げられている。字はかなり乱れ、書き間違えも見られる。封筒も同様に書き損じの抹消箇所が見られ、軍事郵便ではなく「熊本市洗馬町綿屋旅館」からの差出となっている。前年七月に同じ父宛で送られた軍事郵便の封筒と見比べると、文字の乱れは明らかだ。（写真⑥）

※物言わぬモノ

文字以外の収集資料も紹介してみたい。

最初に紹介するのは、「石」である。寄贈者の松本浅子は、学徒出陣で陸軍に入隊した兄吉田兼次郎（一九四四年九月入営中に経済学部卒業）が一九四五年三月にフィリピン付近の洋上で戦死している。戦後視力を失った浅子は年の近かった兼次郎を「兼ちゃん」と呼んで、幼少からずっと一緒に過ごしてきた思い出を語ってくれた。そして部屋に置かれていた額入りの書を示し、寄贈を申し

⑦光沢面のある兄代わりの石※

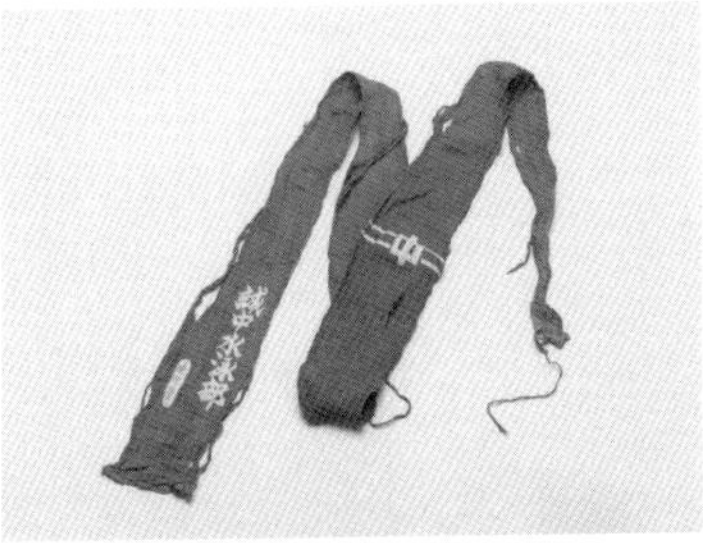

⑧片山崇の褌※

出た。それは、一九四四年八月、内地を離れる直前の最後の帰宅時に兄が書いた簡潔な遺書で、「一、父母ニ孝養ヲ尽スベシ」に始まる六か条が端正な字で記されている。

浅子はさらに、手探りで戸棚を探し「これも一緒に」とこの石を取り出した。（写真⑦）この石は、フィリピンへの慰霊団に参加した際、現地の日本人墓地で拾ったものという。兄は洋上で没しており、この石自体は、兄とは直接関係が無い。しかし浅子はこの石を兄と思い、帰国後毎日体をさすってきたのだという。そのため、片側だけが他の部分とは違う光沢を持っている。この石がなぜここにあり、このような姿をしているのかという文脈が失われれば、この石は、実にただの石なのである。別れ際に浅子が、「これで今夜はぐっすり寝られるわ」と口にしたことが忘れられない。

一本の傷んだ細長い布きれ――これも来歴が伝わらなければただの薄汚れた褌《ふんどし》である。（写真⑧）戦後七〇年間これを保管していた髙橋よし子は、慶應義塾のお膝元、三田通りに江戸時代から開業していた多田質店に生まれた。昭和期には雑貨屋兼食堂三色屋も同じ店舗内で営業し、慶應義塾の正門だった通称「幻の門」の南側の角にあった。店舗の一部を仕切った山崎理髪店は店長が「アバ忠」と呼ばれて戦後も長く親しまれていたので、御記憶の方もいるかもしれない。

よし子は、三色屋のなじみだった慶應生たちと交流があった。特に水泳部や競争部に知り合いが多く、水泳部主将の片山崇と恋仲になった。褌はその片山が、広島の誠之館《せいしかん》中学時代から使い込んだ赤フンであった。初めてよし子に面会したとき、常用しているハンドバックから大切そうに取り出したのがビニール袋にくるまれたこの褌であった。

一緒に見せていただいたものの中には、片山が郷里広島の因島《いんのしま》に届けた海軍中尉としての名刺もあったが、不自然にラップにくるまれており、長年そうしていることがわかった。名刺表面の下部に指紋が見え、それが片山のものであると信じ、それが「消えたら嫌だから」というのが、ラップ巻きの理由であった。

片山は一九四三年九月に法学部政治学科を繰り上げ卒業し、海軍第一三期飛行予備学生を志願。一九四五年五月九日、神風特別攻撃隊「振天隊」の一員として九九式艦上爆撃機で台湾宜蘭より出撃、戦死した。

崇とよし子の間では、入隊後、盛んに手紙が交わされ、その数は「積むと背の高さになるほど」であったという。しかしよし子が戦後結婚する際、それらは家族の手で焼却された。特攻直前に書かれた最後の手紙も例外ではなかったのである。

※残らなかったモノ

片山崇の手紙が焼却されたように、同様の理由で失われた多くの言葉があった。上原良司の最後の言葉のいくつかも焼却されたことがわかっている。

その一方で、残す意思がありながら残せなかった言葉もある。一九四五年四月一四日、鹿屋《かのや》基地からの特攻出撃時に、二五番と呼ばれた二五〇キロ爆弾が滑走路上で脱落して、機体ごと爆発して命を落とした篠崎俊二（一九四一年大学予科入学）のことを取り上げてみよう。

特攻による戦死の時点で、家族は手紙や写真などを保管していた。しかし同年六月の神戸大空襲で遺品はことごとく焼失してしまった。わずかに、母が空襲下でも守り通した海軍時代の写真三枚と遺書二枚だけが残された。そしてそれらも端が黒く焼け焦げた。（写真⑨）今では遺書も原品は失われ、コピーだけが伝わっている。

残されているものを目にするとき、その背後に多くの失われたモノがあることを意識することは少ない。家族宛の遺書を託された者が戦災でそれを果たせなかった事例もあるし、軍隊内で残した遺書

⑨左上が焼け焦げた篠崎俊二の写真※

は検閲で不適当と考えられた場合、届けられずに処分されることもあったとされる。

今知りうるのがいかに限られたことに過ぎないかは、常に意識し謙虚に向き合う必要があるのだ。篠崎の死は、特攻に数えられていないことにも注意を促したい。決死の覚悟で特攻出撃しても、滑走路上で爆死したら、特攻死とはならない。前述の井上柳三も同様である。一方で、出撃後、目標到達以前に撃墜されたことを特攻機に途中まで同行する直掩《ちょくえん》機が気付いていても、それを報告せず特攻死として扱われることもあった。

特攻死になれば、二階級特進となる。その階級に応じて遺族に遺族年金が支給されるシビアな現実もあった。人の死が数値化されることで見えなくなるものがあることも、心に留めておきたい。

＊モノは戦争を語り継げるか

戦争の歴史を未来へと継承しなければならない――それが課題であるならば、戦争の「何」を未来へと継承するのか、も問われなければならない。

教育現場で戦争を取り上げることは、すでに日常のことであろう。しかし、その時、児童生徒に対して暗黙の「正解」が設定されていることはないだろうか。そして児童生徒たちも良くそれを理解しているのではないか。彼らがその時、若者らしい抵抗感を覚えることは咎められる。戦争について自ら考え、それがもたらすものをよく知り、それが起こらないことを生涯求め続ける者を育てることが戦争を学ぶ意義であるならば、右のような実態はむしろ逆の教育効果をもたらすであろう。

つまり、何が求められているかと空気を読み、それに身を任せるのは、日本人が戦争の時代に突き進んでいった根源ではなかっただろうか。

「人からモノへ」という時代にあって、戦争の歴史継承を模索するためには、まず筆者自身が率直に戦争の歴史を感じ、「考えたい」。それが、『『慶應義塾と戦争』アーカイブ・プロジェクト」の出発点であった。

ここに紹介したのは、プロジェクト収集資料のごく一部であるが、これらをどのように解釈し、どのような意義を見出すかに答えはない。

対象を慶應義塾に絞ったことで、より細かく、詳しく事情を知ることができる。内輪でしか通じない言葉や感覚を歴史的対象に見つけたとき、学ぶ者はそれを初めて自分事として親身に実感し、「考える」ことができる。もちろん、それを軸足として、広く大学史、教育史、近現代史の中に位置づけていくこともできる。

戦争の問題は、とかくステレオタイプに語られがちである。「人」が不在となるこれからの時代、残された「モノ」をよすがとして、かつて確かに「人」がいたことを想像するところから、具体的に戦争の時代と向き合い、「考える」という営みが生まれうる。その不断の営為の継続の力が、これからまさに試されるのであり、それこそが戦争の歴史を〝継承〟することであると思うのである。

＊本章の写真説明の最後に「※」を付した資料（写真①②⑥⑦⑧⑨）は、いずれも慶應義塾福澤研究センター蔵のものである。

◆引用・参考文献

・「慶應義塾と戦争」アーカイブ・プロジェクトによる展覧会冊子
『慶應義塾と戦争Ⅰ　慶應義塾の昭和十八年』、二〇一三年
『慶應義塾と戦争Ⅱ　残されたモノ・ことば・人々』、二〇一四年
『慶應義塾と戦争Ⅲ　慶應義塾の昭和二十年』、二〇一五年
『戦争の時代と大学』（慶應大阪シティキャンパス特別企画展）、二〇一六年
『慶應義塾と戦争―モノから人へ』（慶應義塾史展示館二〇二四年春季企画展図録）、二〇二四年
・加古陽司『真実の「わだつみ」』東京新聞、二〇一四年
・中谷彪『「きけわだつみのこえ」―木村久夫遺稿の真実』北東アジア総合研究所、二〇一五年
・宅嶋徳光『くちなしの花―ある戦歿学生の手記』潮書房光人新社、二〇一五年
・忽那静夫・矢野正博『戦争時代の光芒―ある学徒出陣慶大生の日記―陸軍中尉忽那静夫』ブックコム、二〇一二年（忽那の日記の要約。日記原本は慶應義塾福澤研究センター蔵）
・岩井忠正・岩井忠熊『特攻最後の証言：１００歳・98歳の兄弟が語る』河出書房新社、二〇二〇年
・特攻隊戦没者慰霊平和祈念協会編『特別攻撃隊全史 第二版』特攻隊戦没者慰霊平和祈念協会、二〇二〇年

◆書籍以外の参考資料

・Keio Object Hub 「慶應義塾と戦争」アーカイブ
https://objecthub.keio.ac.jp/ja/collection/4（「慶應義塾と戦争」アーカイブ・プロジェクトによる収集資料の一部を公開）
・europeana 1914-1919 https://pro.europeana.eu/project/europeana1914-1918
・ＮＨＫアーカイブス https://www.nhk.or.jp/archives/（塚本悠策の証言「回天特攻で死んだ兄」を視聴可能）
・河野宗明の残した楽譜は、東京藝術大学で開催された「コンサート・シンポジウム 戦争の時代の芸術～戦争の記憶を語り継ぐ」（二〇二〇年一二月六日）で初上演され、以後二〇二三年八月までに三度上演されている。

Ⅳ

特攻隊員・上原良司の足跡をたどって

亀岡　敦子

※散華《さんげ》ではなく戦死、英霊ではなく戦没者、偶像ではなく人間

長い慶應義塾大学の歴史の中に、アジア・太平洋戦争期に学生となった、不運な多くの若者たちがいた。彼らは一九四三年一二月、学舎から引き剝がされるように、「学徒出陣」という、勇ましさと悲壮感をないまぜにした言葉と、日の丸の波に送られて軍人となった。そして多くが還ってこなかった。その戦死者の中には特攻隊員も多く、慶應義塾大学経済学部在学中に学徒出陣し、沖縄の海で特攻死した上原良司もそのひとりであった。

私が上原良司の写真や遺品をはじめて見たのは、一九九四年夏、経済学部白井厚ゼミ（当時）が開催した「特攻五〇周年展示会」で、写真の真っ直ぐな目と遺書の文字に惹《ひ》かれた。私はすでに「日吉台地下壕保存の会」に関わっており、活動の一環である展示会に、上原良司を加えたいと思い、長野県穂高町（現安曇野《あずみの》市）で、有明《ありあけ》医院と遺品を守っている妹・清子宛に遺品を拝借したい旨、依頼の手紙を書いた。すぐに五枚にわたる快諾の返事が届き、それから数年間は、上原良司の遺品を展示し大きな反響を呼んだ。上原家の二人の姉妹、清子と登志江は良司を知る人々と一緒にいつも会場に足を運んでくれた。

この頃から戦争関連の書籍・演劇・映画の中では、「特攻隊」に関するものが圧倒的に多く、ほとんどが、戦意高揚のための空疎な精神主義と、冷徹な数字合わせであるという「特攻」の本質に迫るのではなく、美化と顕彰につながる情緒的な描き方のものである。『新版きけわだつみのこえ

日本戦没学生の手記』（岩波文庫）に「所感」と「遺書」ほかが収められており、メディアで取り上げられることも多い上原良司は、もっとも有名な特攻隊の一人として、都合よく偶像にされるおそれがある。そうさせないために、本章では、偶像ではない素顔の上原良司を探しだしたい。

幸いにも、三〇年近い上原家との交流と、そこから広がったゆかりの人々から貴重な逸話を聞き、多くの資料を見ることができた。驚くことに安曇野の上原家には、三男の良司だけでなく、戦死した三兄弟の幼少期からの数えきれない写真、成績表はもとより教科書やノート、手紙や葉書、日記やメモ、持ち物や軍服に至るまで、すべて保存されており、慶應義塾福澤研究センターによる調査が進んでいる。それらが大きな助けとなった。

※上原良司の生い立ちと故郷―安曇野という風土

上原良司は、一九二二年九月二七日に医師である上原寅太郎と与志江の間に、長男・良春（一九一五年）と次男・龍男（一九一八年）に次ぐ三男として、長野県北安曇郡七貴村（現池田町）鵜山で生まれた。陸軍軍医であった寅太郎は退役後、恩人である医師の青木茂登一が、長野県南安曇郡有明村（現安曇野市穂高有明）に開業した「有明医院」を継いで、村医として地域医療の担い手となった。その後ふたりの妹・清子（一九二六年）と登志江（一九三〇年）が生まれ、三男二女に恵まれた。

上原家は、北アルプスの麓・安曇野で、文化的にも経済的にも豊かな生活を送っていた。

父親が常に子どもたちに言い聞かせていたのは、「嘘をつくな。誰の前でも、自分の思うところを述べよ」であったと清子は兄の思い出を語るときには、必ず話した。しかし、その教えを守るのが命懸けの時代に、上官には絶対服従の軍隊内でもそれを貫き、軍隊の本質にまで切り込むような批判の手を緩めることはなかった。良司は最後まで父の教えを守り通したのだ。

※自由民権運動と文化の地

上原兄妹を育んだ安曇野は、明治初期に、日本全国で沸きおこった自由民権運動の中心地のひとつである。開明的な人物を多く輩出した地で、ともに実業家で新宿中村屋を起こした相馬愛蔵・黒光《こっこう》夫妻、彫刻家の荻原碌山《ろくざん》など、枚挙にいとまがない。

良司の祖父・上原良三郎もその一人で、教育者であり、正岡子規直門の俳人（俳号は三川《さんせん》）として嘱望されながら、四一歳で結核のために死去した。その時寅太郎は松本中学校在学中で、勉学の継続も危ぶまれたが、医師青木茂登一《もといち》の援助を受け、医師となった。同じころ、やはり父親を亡くした石川浩三郎にも茂登一は同様の援助をし、浩三郎は陸軍士官学校出の職業軍人となった。青木家には慶應義塾大学医学部で学び、後に病理学教授となった貞章《ていしょう》がおり、血縁関係はないものの、三人は終生まるで本当の兄弟のように、信頼しあい仲が良かったと、貞章の娘房子は話してくれた。

長野県の中央部・安曇野の上原良司の実家周辺

良司の初恋の女性、石川冶子《きょうこ》は、奇しくも寅太郎とは義兄弟ともいえる石川浩三郎の娘であった。

※有明尋常小学校と長野県立松本中学校

一九二九年四月、良司は有明尋常高等小学校に入学し、そこで生涯の友・犬飼五郎と出会う。良司が心許した親友であった五郎は、いくつかの少年期のエピソードを私に語ってくれた。おとなしくあまり目立たなかったが、正義感は強く、間違っていると思った時は、先生に対してでも抗議していたという。

三五年に小学校を卒業した良司は、長野県立松本中学校（現松本深志高等学校）に入学した。「自由と自治を重んじ、生徒を紳士として扱う」という校風は、良司の人格形成に大きな影響を与えたと言えよう。また、鉱物採集のような課外活動を通じて、論理的な思考や科学的な見方を身につけた。

一方で旧制中学校は、すでに配属将校のもと軍事教練が課されていた。また良司のノートの余白には、多くの飛行機の絵が描かれており、飛行機への憧れが強く、軍隊での選択肢の中で、操縦士の道を選んだのは当然だったかもしれない。

また、幼いころ良司は甘えん坊で、いつも片手にお菓子ともう片方は母親の袂《たもと》を握っていたそうだ。少年時代の良司は、成績も行動もごく普通の少年だった。歳の近かった清子は、食事時には長い食卓に向かい合って座るので、からかわれてはよく泣いたそうだ。また、登志江の記憶のなかの中学時代の良司は少し大人びてすましている。大糸南線（現大糸線）で通学していた友人たちと一緒に時には下駄を鳴らして下校し、互いに右手を額のあたりまで軽くあげて、真面目な顔して「失敬、シッケイ」と挨拶を交わして別れたそうだ。黒いマントとその仕草を、登志江はいまもよく憶えている。

※上原家の家族写真

珍しいことに、上原家には戦前戦中期の膨大なスナップ写真が残されている。それらは、おもに戦前からカメラを趣味とした寅太郎と、長兄良春が家族の日常を撮影したものだ。父が撮った幼い三兄弟、良春が撮った弟妹の屈託のない笑顔、そして庭で写した家族写真などである。ほかに日吉での医学部予科の授業や体育祭など、龍男と良司も大学でたくさん写真を撮った。

数年後の一家の不幸を知る者には、胸を締め付けられる二枚の写真がある。それは一九三八年、

軍医として出征している父に送った兄弟５人の写真

日中戦争で軍医として大陸にいる父に送るために、笑顔の五人兄妹が年齢順に並び、「大学生・予科生・中学生・女学生・小学生」と書かれた札を胸に持って写し、もう一枚は、それを裏返すと、「父・サン・頑・張・レ!!」となった札を掲げたものである。

この写真は良春が三脚を据えて撮ったものだが、蕾のついた桜の枝が不自然に伸びているのは、凝った演出で、お手伝いさんが、手が写らぬように桜の枝を持ち写したものだ。異国で軍務についている父にユーモアいっぱいの写真を送るというような楽しい計画を、どのように相談したのであろう。

家族集合写真。前列左から兄良春、良司、妹登志江、妹清子。後列左から兄龍男、診療助手さん母子、母与志江と犬、お手伝いさん

この頃の上原家の幸せな数年間について、清子と登志江は声を弾ませて語ってくれた。両親のしつけは厳しかったけれど優しくて、父は村医として尊敬されていた。東京で学ぶ兄たちは、長期休みには、妹たちにきれいな文房具や可愛い小物などの東京土産を買ってきてくれた。また、近所の子どもたちを集めては、幻燈上映会やお化け大会などで喜ばせていたそうだ。広い敷地の裏庭にはテニスコートがあり、妹たちはもっぱら球拾いだったけれど、それも楽しかった。夏は登山に、冬はスキーやスケート。そして三人とも音楽が好きで、良春はドイツ歌曲を歌い、龍男はバイオリンを弾き、良司は

ハーモニカを吹いた。本当に優しい兄たちでした、と楽しかった思い出を話しながら、いつもふたりは涙を拭った。

上原家の家族集合写真には、家族だけではなく、当時上原家で働いていた人たちも一緒に写っていることが多い。割烹着姿のお手伝いさんや、診療の助手をしていた一家は住み込んでいたので、赤ちゃんまでも上原家の一員として、写真に納まっている。また食事も、使用人だからという分け隔ては一切なく、一緒の食卓でおなじ食事を摂っていたそうだ。人を区別しない家庭で育った良司にとって、階級社会の極みである軍隊が、どんなにか不快で生き難い場所であったか、想像にかたくない。

※東京での生活・青木家のこと

一九四〇年春、大学受験に失敗した良司は、杉並区高円寺にある青木貞章家で一年間の浪人生活を送った。青木茂登一の息子貞章は、慶應義塾大学医学部を卒業後、父が大正期に開院した「有明医院」を継ぐことなく、同大学の病理学教室に残ることを選び、二人の子ども房子と元雄との四人家族は、高円寺に居を構えていた。青木家には、貞章と妻耿子《こうこ》の明るく社交的な人柄にひかれて、まるでサロンのように人々が集まり、耿子の従妹の師岡照子・みゑ子姉妹も、石川浩三郎の長女・冶子も、居心地の良い青木家に時々遊びに来ていた。

不思議な巡り合わせであるが、良司は当時女学生であったみゑ子とも冶子とも、この家で知り合い、言葉を交わすようになったのだ。良司はそれぞれ違った魅力を持つふたりに惹かれるようになり、学生時代に書いていた日記「他人読むべからず集」には、その心の移ろいが記されている。みゑ子とは四二年夏に友人たちを誘って良司は上高地に旅行している。みゑ子は後年私に、どんなに楽しかったか、何度も語ってくれた。歩き疲れると良司はハーモニカを吹き、みなを励ましたそうだ。日記には次第に石川冶子についての記述が増え、愛情を感じていること、しかしやがて戦場にいかねばならぬ自分には、愛を打ち明ける資格はないと、気持ちを抑え込んでいることが書かれている。しかしその気持ちを何としても、けれども、その時が来るまでは、決して誰にも悟られないように書き残したのが、後述する遺本『クロォチェ』の文中の文字を丸印で囲むことで綴られた恋文であった。石川冶子は、一九四四年五月一一日、奇しくも良司の命日の一年前に、結核のために世を去った。

※日吉キャンパスの学生生活

良司が慶應義塾大学予科に入学し、東急東横線日吉駅東側に広がる緑豊かなキャンパスで大学生活を始めた一九四一年は、日本が英米ほかの連合国に対して戦端を開いた年であった。日本は三一年の満州事変以来、すでに一〇年間中国大陸で戦争をしていたので、学徒出陣世代にとって物心ついてからの日本は、戦争をしているのが常態であった。

徐々に戦時色は濃くなっていたとはいえ、慶應義塾大学文系予科の授業は外国語を重視したそれ

蝮谷テニスコートでテニス部時代の仲間と。後列左が良司

までと変わらなかった。旧制高校や大学予科に通う学生は、学問を重んじ、芸術や文学への憧れと造詣が大変深かった。またスポーツも盛んで、良司はテニス部に属し蝮《まむし》谷テニスコートでボールを追った。また、メモや残された岩波文庫からも幅広く読書していたことがわかる。

　しかし、確実に学園の軍隊化は進んでいた。慶應義塾大学においては予科生の断髪令のため、良司たちは丸刈り頭で大学生となった。週二時間の体育の授業は教練に変わり、小泉塾長を隊長として報国隊が結成され、週番学生が教練服姿で校門に立ち、服装検査などをするようになった。年に一度は、陸軍の施設を使っての野営訓練（一学年は軽井沢、二学年は習志野、三学年は御殿場）なども実施され、学園には相応しくない「武器庫」があり、銃が保管され、ゲートルの巻き方に習熟した学生の肩に担がれるようになった。

　そんな中、学園の軍隊化に抵抗した学生たちもいたようだ。四一年一一月の体育祭には、フランス文学専攻の学生が、ベレー帽を被りアコーディオンを先頭にフランス語で「自由を我らに」を歌いながら行進した、というエピソードが残っている。当事者であった永戸多喜雄慶應義塾大学名誉教授は、晩年の講演で「今から見れば何ということはないかもしれないが、当時の我々にとってはギリギリのノンの表明だった」と語った。しかしその行進が、ある体育会の学生たちによって瞬時に排除されたように、「自由」は、日本から何の苦もなく消されていった。

※戦時下の市民生活

アジア・太平洋戦争が始まると、すぐに銃後の市民生活は激変し、人々の気持ちも戦争一色に変化したように思いがちであるが、一般市民は、ほとんど変わらぬ生活をしていたという。映画全盛期で、子ども向け映画上映館もあり、青木房子の証言によれば、近所の親しい家族と上原兄弟で、新宿や銀座へ映画を観に行き、帰りに食事を楽しむこともあったそうだ。また上原兄弟は週末を高円寺の青木家で過ごすことも多く、近所の子どもたちともよく遊んだ。そして、青木家でもお手伝いさんは一緒に食卓を囲み、同じものを食べるのが常だったとのこと。青木家の人々も職業によって人を判断したり見下したりすることはなかった。

戦時下、その年齢や立場により内容は異なるが、結果としてすべての国民は、戦争協力せざるを得ない社会情勢となる。子どもたちは教科書と厳しい教育で、「少国民」として兵隊候補と「銃後の守り」予備軍として成長した。若い女性は、軍関係の事務や、工場労働や電車の運転などの仕事を受け持ち、成人女性は、銃後の守り手として地域社会を支えた。

為政者と軍上層部は、国民をそれと気づかせぬように「愛国心」というロープでがんじがらめに縛りつけていった。しかし、その戦争をする政府を支え熱狂していたのも国民であったのだ。

※上原良司の一九四三（昭和一八）年

一九四三年は戦死した龍男はこれ以上の悲劇はないが、兄弟全員の人生が決定的な変化を遂げたのである。それを予感したかのように、良司は日記を書き、頻繁にメモを残している。一月三日に開かれた小学校の同級会では、幼馴染みの出征が話題の中心となり、八日には出征する同級生を有明駅まで見送っている。この世代の学生たちがどのように考えていたかと言えば、同年代のどんな立場の者よりも恵まれている自分たち学生が、徴兵を猶予されて安全な学窓にいることに後ろめたく、申し訳ない気持ちを持っていたし、早晩自分たちも兵役につかねばならないであろうとの予感はあったようだ。

このような思いは後年、私が交流した数人の学徒出陣世代の人々（小島清文・岩井忠正・岩井忠熊・塚越雅則）が言い方は違えど、一様に語ったことであった。大学では海軍飛行予備少尉や陸軍少将の講演会などを開催して、軍は学生たちにむけて露骨な宣伝に精を出しはじめた。

良司の学年は、勤労奉仕の土木工事を行い、その後夏休みに入った。九月八日から試験が始まり、一四日に終わった。良司たちのクラス三年D組は試験終了のその日に、目黒雅叙園でクラス会を開いた。メモ帳には何の感想も記されていないが、今回の試験をもって予科のクラスと日吉キャンパスに別れを告げ

現存する２階建ての離れ

ねばならないこと、そしてそれが、おそらくは「学生」という身分と、「学問」との別れであることを予感していたのではないか。それは遠くない未来に来ることも、彼らはうすうす知っていたのではないか。

試験が終わると翌日には良司はまるで東京生活を引き払うかのように、大きな荷物を自宅宛に送り、一八日に安曇野に帰省した。上原家兄弟は二階建ての離れで青少年期を三人一緒に暮らした。中学時代はもちろん大学の長期休暇もそこで寝泊まりした。近所の子どもたちに幻燈を見せたのもこの部屋だ。

ところがいまは、長兄は慶應義塾大学医学部卒業後陸軍軍医となり、中国大陸や台湾の陸軍病院に勤務している。医師になるまでは長兄と同じ道を歩いた次兄は、海軍軍医となり、不沈と言われたイ号潜水艦に乗艦中だ。

※愛読書『クロォチェ』にしたためた遺書

一九四三年九月二二日水曜日、午後七時三〇分から八時までラジオで「国民に告ぐ」という放送があった。この放送が重要なものであることは、当日の新聞が大きく取り上げ、国民に聴くようにと促していることからもわかる。NHKは毎日午後七時から三〇分間はニュースを流す。そしてこの日、国民の多くは東條英機首相による「国民に告ぐ」を聴いたことだろう。学生の徴兵猶予が停止され、在学中であろうと二〇歳を過ぎると、徴兵されるという内容であった。もちろん良司

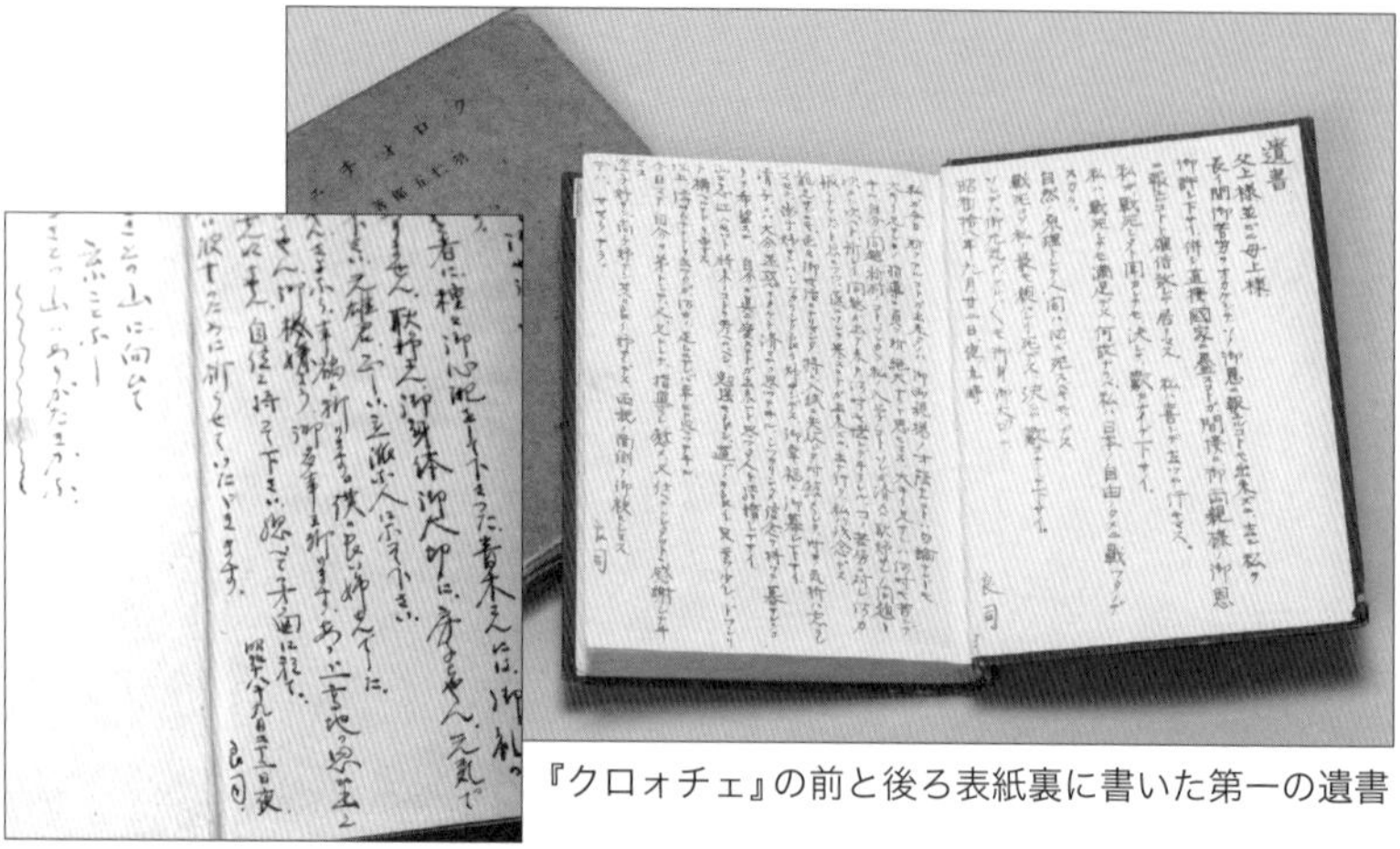

『クロォチェ』の前と後ろ表紙裏に書いた第一の遺書

も放送を聴き、自分の運命をはっきりと悟ったに違いない。その夜、愛読書である羽仁五郎著『クロォチェ』（河出書房一九三九年）の表紙裏（前見返しと後ろ見返し）に、四ページにわたる「遺書」を書いた。

一ページ目は、「遺書　父上様並びに母上様」と書きだして、覚悟を決めた別れの手紙である旨を伝えてから、両親への感謝と戦死を知っても嘆かないようにと書き、「私は戦死しても満足です。何故ならば、私は日本の自由のために戦ったのですから。」と続ける。この戦争での日本の大義としては、「大東亜共栄圏構想」や自衛の戦争としており、自由と民主主義は戦争遂行を阻む思想としてむしろ排撃された。しかし良司は「日本の自由」のために戦うという。

二ページ目は、まず「大きい兄さん（良春）」に、心からの感謝を述べ、次兄「龍兄さん」にも謝辞を書いた後に「御幸福に御暮し下さい。」と続けた。しかし良司はこの一カ月後に龍男戦死の報を受け、兄に幸福な生活の来ないことを知った。妹の清子と登志江にも兄らしい優しいメッセージを残し、二人の義姉には両親への孝養を頼んでいる。

三ページ目は（後ろ見返し右側）学半ばで兵役に就く心残りを書き、どこにその責任があるのか詮索することができぬと無念がっている。東京で家族のように親しんだ、青木家、竹林家、師岡家の人々の名前を挙げて感謝と別れを告げた。しかし、唯一名前のない「最後に彼女のために祈らせていただきます。」と記された女性がいる。誰なのか。

そして四ページ目には三首の短歌が書かれている。二首は石川啄木をもじり、三首目は母校慶應義塾の塾歌と応援歌の言葉遊びのように思える。

最後に良司は、もう一通の手紙を『クロォチェ』に忍び込ませた。文中の文字を丸印で囲み、それをたどると石川冶子への恋文となる。「きょうこちゃん　さようなら　僕はきみがすきだった。しかしそのときすでにきみはこんやくの人であった。わたしはくるしんだ。そしてきみのこうフクをかんがえたとき　あいのことばをささやくことをダンネンした。しかし　わたしはいつもきみをあいしている。」書き終えた『クロォチェ』を本棚の右の引き出しに入れ、左の引き出しに穴をあけ、釘で開かないように封印した。この引き出しは、後に記された二重三重のメッセージの手順に従って、はじめて家族の目に触れるように、細工されている。

九月二二日の東條英機のラジオ演説は、多くの学生が聴いた。試験が終わり旅行中の学生もいたが、「来るべきものが来た」、それが彼ら共通の感慨だったようだ。しかし、良司のようにすぐに敏感に反応して、遺書をしたためた学生は少なかったのではないかと思う。

良司がどのような心を抱いて安曇野の初秋の日々を過ごしたか、日記もメモも残されていないので知る由もないが、女学生だった妹たちによれば、離れの部屋からベートーヴェンの交響曲第五番「運命」が繰り返し聞こえていたそうだ。九月二七日、良司は二一歳の誕生日をむかえた。

※学徒出陣と陸軍東部五十連隊入営（長野県松本市）

徴兵が決まってからの良司たちは、慌ただしく学生から兵隊への変身の準備をしなければならなかった。九月三〇日に慶應義塾大学経済学部予科を終了し、一〇月一日付で本科生となり、一〇月四日一〇時から三田の大ホールで入学式が行われた。三田での授業は行われたようだが、詳細は記されていない。そして一〇月二一日、神宮外苑競技場を舞台に「出陣学徒壮行会」が、文部省と学校報国団本部主催で開催された。良司のメモには「一〇月二一日（木）学徒出陣壮行会。制服制帽、八・〇〇、外苑競技場、キャハン」とある。この日の各新聞の夕刊には、戦意をかき立てる美辞麗句と写真が踊る。

そして翌日、龍男の戦死を知らされた良司は、「一〇月二二日（金）ニュー・ヘブライズ諸島、龍男兄さん戦死。」とのみ記した。どんな深い悲しみが隠されているのか。出陣学徒は、一〇月二五日から一一月五日までに本籍地で徴兵検査を受けた。自筆の良司の履歴書には、一一月三〇日に教練検定に合格したこと、慶應義塾大学経済学部第一学年休学となったことが記されており、不本意にも学窓を追い出された出陣学徒たちは「休学」扱いされていたのだ。そして、一二月一日に

「現役兵トシテ歩兵第五〇聯隊ニ入営」、軍人となった。

　ここで疑問がわく。無念にも戦死した学徒兵はまだ「休学」のままなのか、まさか「退学」ではあるまい。良司は本来手元にないはずの、赤鉛筆で「レ」とマークされた予科の学生証を大事に保管していた。

　日本中からかき集められた学徒兵の、陸軍は一二月一日から、海軍は一二月一〇日から、兵士としての日々が始まった。良司は、上官に検閲を受ける「戦陣手帳」に連隊内の様子や訓練、生活について細かく書いた。すぐに「夜総びんた」を受けたし、背嚢《はいのう》を背負っての行軍や射撃訓練と、息つく暇もない。

　登志江は一月三〇日に龍男の葬儀に帰宅した時、きれいだった良司の両手がわずか二カ月でガサガサにひび割れているのを見て、涙が出たという。

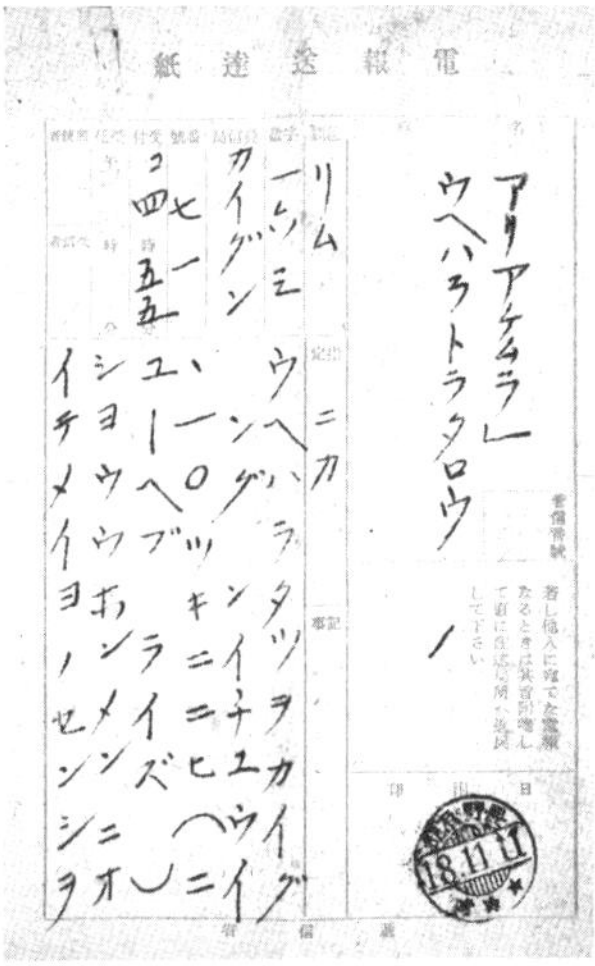

兄龍男の戦死公電

陸軍入隊時（1943 年 12 月）

※陸軍第二期特別操縦見習士官となる

学徒兵にはいくつか選択肢がある中で、良司は操縦士の道を選んだ。試験の前日に「戦陣訓の中から出ている。明日が心配。何となれば戦陣訓は読んでいないから」との一文がある。一九四一年一月八日に、当時の陸軍大臣東條英機が示達したのが「戦陣訓」で、「生きて虜囚《りょしゅう》の辱《はずかし》めを受けず」が、戦争末期に将兵と国民をがんじがらめに縛った元凶なのだ。それを読んでいないとは、何を意味するのだろうか。

無事、念願の特別操縦見習士官の試験に合格し、熊谷陸軍飛行学校に入校するために、松本を後にする。母は松本駅まで面会に来て、用意した食料を渡してくれた。母は面会ができると聞くと、どんな時でもどこにでも息子たちに会いに行った。妹たちは、母が餅つきの準備をはじめると面会が近いことを知ったという。(後年の、寅太郎から陸軍報道班員・高木俊朗への手紙には、与志江は館林へは二度面会に行き、二度とも面会禁止で会えず、目達原《めたばる》には一度行き、佐賀の皆さまに肩を揉んでもらったと喜んでいた、と書かれている。)

良司は、陸軍特別操縦見習士官二期生として約一二〇〇人の仲間と共に、最初の二カ月間を神奈川県北部にある「熊谷陸軍飛行学校相模教育隊」で学課と初歩的訓練を受ける。ここでは教官に「修養反省録」という日記を毎日提出しているが、良司は訓練の内容を細かく描写しており、自己の精神的成長と技術の向上を目指していることが読み取れる。

※熊谷陸軍飛行学校館林教育隊（群馬県館林）

一九四四年三月二三日に相模教育隊を終了し、翌日、良司たち四〇〇人は「熊谷陸軍飛行学校館林教育隊」へと出発した。館林教育隊は群馬県邑楽郡（現館林市）にあり、基本操縦訓練の学校である。四月二五日には「靖国の神となり永遠に大和の国を守らん決意をますます固くす。」と書いており、一年後の最後の帰郷時に「天国に行くから靖国神社にはいないよ」と妹に告げた良司とは、大きな隔たりがある。毎日教官に提出する「修養反省録」には、良き操縦者になろうとする決意と、反省の言葉が並んでいる。

しかし、五月二八日に、ある者が壊した飛行眼鏡を他人の物とすり替え、名乗り出ないという事件が起きた。全員が食事も入浴も就寝も許されず、翌日も炎天下の校庭に立たされた。その懲罰は一四時間におよび、倒れる者続出したという。良司は翌日には「恥辱の日」とのみ大書して教官に提出した。

同期の井野隆が行李《こうり》の底に隠していた日記には、暴力と屈辱的な言葉が日常であったことが記されている。そして、良司は、次第に教官を批判した日誌を提出するようになる。当然、教官の朱筆の叱責と、酷い待遇が返ってくる。それにもかかわらず、次第に自由主義的、人道主義的文言が増えてくる。

七月一一日は、こんな格調高い理想的社会を描いた文章で始まる。「人間味豊かな、自由に溢れ、

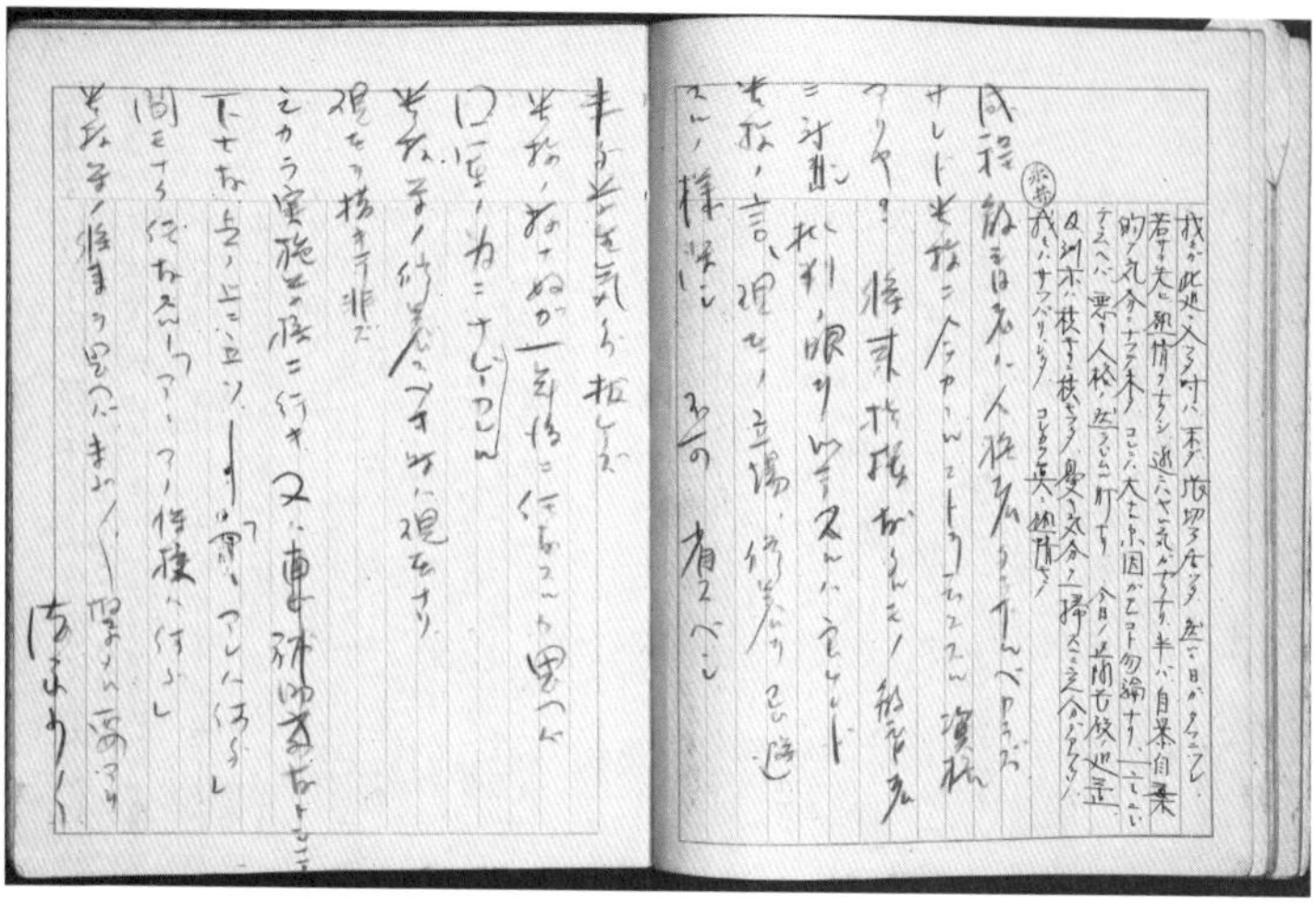

上官を批判した日誌に対して、上官がびっしりと反論しているページ

そこに何等不安もなく、各人はその生活に満足し、欲望はあれども、強くなく、喜びに満ち、幸福なる、真に自由という人間性に満ち溢れて、この世を送らんとする時代が近づきつつある。それは自由主義の勝利によってのみ得られる。」良司のこのような考え方や、文章は、軍隊内においては受け入れられるものではないが、どんな扱いをされようとも、要領よく立ち回ることはできなかった。

「嘘をつくな。誰の前でも思うことを述べよ」との父の教えが身に沁みついていたのだろう。やがて、四カ月の訓練を終え、七月二五日に四〇〇名が卒業式を迎えた。次は、知覧《ちらん》飛行場での訓練となる。

※第四十教育飛行隊（鹿児島県知覧基地）

一九四四年八月一日からの知覧基地での訓練は、館林教育隊と児玉教育隊からの転属一三六名で始まった。寅太郎の手帳の記述によれば、館林から知覧への途中で帰郷が許され、良司は二晩家族と過ごした。

しかし、知覧での四カ月は、あれほど筆まめな良司が手紙も葉書も出していない。小さな黒い表紙の「最後のメモ・ノート」には、知覧で書いたと推察できる記述があり、一一月一〇日と一八日、一九日にはゲーテについての考察や、自由の偉大さについての記述がある。学生時代から持っていた思想が軍隊経験によって、さらに強固な信念になったようだ。

知覧での訓練は、この上なく過酷であったらしく、同期の井野は私に話しながら、何度も声を詰まらせた。

良司たち八〇名は一一月三〇日に知覧から最後の訓練地・佐賀県目達原《めたばる》へと出発した。

※第十一錬成飛行隊（佐賀県目達原基地）での特攻要請

一九四四年一二月一日、良司たちは背振《せぶり》山から寒風の吹き降ろす目達原基地に到着した。三式戦闘機（飛燕）に乗っての実戦さながらの仕上げの訓練であった。彼らは四五年二月一〇日には少尉に任官し将校となり、三月六日、上官から「特攻志望の要請」を受ける。その時の様子については、『背振の雲』という同期会記念誌に、数編の体験記がある。全員「特攻要請」の予想はしていて、「志望する」と提出はしたけれど、内心の動揺は大きかったそうだ。

そして良司には四月二日、常陸教導飛行師団（茨城県）への転属命令が出た。四月四日の出立の朝に記念写真を写し、午後には、別れを惜しみながら目達原基地をあとにした。すでに桜が満開で、三田川駅（現吉野ケ里遺跡）では、桜吹雪が舞っていたという。その見送りの中に、基地で出会い、

常陸教導飛行師団へ出立の朝の記念写真
(1945 年４月４日目達原基地。中列左から４人目が良司)

良司が好意を抱いた女性、江口瑠璃子がいた。「筆生」と呼ばれる陸軍の事務職で、瞳の大きな丸顔の笑顔の明るい女性である。瑠璃子の証言によれば、良司は瑠璃子からテニスのラケットを借りて友人と球を打ち合ったり、湯沸かし室で話をしたりと、わりあい自由な時間を過ごしたようだ。目達原での四カ月は、それまでの過酷な訓練と、特攻隊員としての「戦死」の合間に訪れたつかの間の青春だったかも知れない。

瑠璃子は、良司との出会いから別れまでをまるで昨日のことのように語り、「あんな素敵な人はいませんでした」と繰り返した。

※最後の帰郷、そして永別の六七日間

一九四五年三月六日、上原良司は特攻要員となり、五月一一日沖縄で戦死した。つまり六七日間を、近い将来「確実に死ななければならぬ者」として暮らしたのだ。良司の縁の人たちからの聞き取りや、書き遺されたものから、二二歳の青年の最後の六七日間の足跡を辿ることにする。

四月四日（水）午後、常陸に一七名転出。同時に最後の帰郷が許された。当時の時刻表によると、午後の長崎本線に乗り、山陽本線、東海道本線、中央本線と乗り継ぎ五日の深夜か六日の早朝に松本に帰り着いたようだ。しかし、東海道線車中での乗客の様子を描写している以外、何も書き残していない。書かなかったことに意味があるのかもしれない。

そして六日には松本に疎開していた知人宅を訪問し、日付は不明だが松本郊外の寿村に疎開していた青木家も訪問している。何時ものように昼食をともにし、房子と元雄と遊んで過ごし、麦畑の道を帰って行った。集落の外れまで来ると、「ここで良いよ」と言っていつものように笑って歩く後姿が、何故か悲しくて、親子三人畔道で抱き合って泣いたという。

もう一軒、良司が別れを告げたことが証言からも明確になっているのが、病気のため帰郷していた親友の犬飼五郎の家だ。その時の様子を、五郎は私に語った。「家族はみな農作業に出ていて、良司と餅をかじり薬缶の水を飲みながら語り合った。良司は目をギラギラさせて、自分から死にたい奴は何処にもいない。上官が手を挙げさせるように仕向けるんだ、と大きな声で言った。良司のギラギラした目は、忘れることができない」、そして五郎もその大きな目から涙を流した。

五郎は良司の松本中学時代の笑顔の横顔のブロマイドを写真立てに入れて、毎日「オイ良司！」と話しかけていた。

最後の帰郷の日々を共に過ごした登志江は、良司の行動をほとんど憶えていない。いつもと同じ帰省だとしか思っていなかったという。

しかし登志江にはそれまでに経験しなかった忘れられない出来事がある。ある日、手伝いの人と四人で夕食を食べていた時、良司が突然、「日本は負けるよ」と言った。登志江は、そっと雨戸を開けて、庭に人のいないのを確かめたそうだ。また偶然部屋で二人になった時、良司は「死んでも天国に行くから靖国神社にはいないからね」と告げた。

登志江は今も兄たちのいない靖国神社には行かない。

※第二の遺書と惜別の「サヨナラ」

良司が少し春めいてきた安曇野で過ごせたのは、残されたメモや証言、当時の国鉄時刻表から、四月六日早朝から一一日夜までの六日間のようだ。その間に、良司はそれとは告げずに友人知人に会いに行っている。

そしてこの間に第二の「遺書」を書いたのだろう。「遺書」と表書きのある封筒に入れた便箋三枚。日付はない。「生を受けてより二十数年、何一つ不自由なく育てられた私は幸福でした」という有名な書き出しだ。両親への感謝の気持ちと、飛行訓練中死と向かい合っている感覚、自由主義への憧れなどが、格調高い文章で綴られているが、最後に不思議なメッセージが残されている。「離れにある本棚の右の引き出しに遺本があります。開かなかったら左の引き出しを開けて釘を抜いて出してください」――この謎は死後七三年後の二〇一八年秋にやっと解けた。それについては後述する。

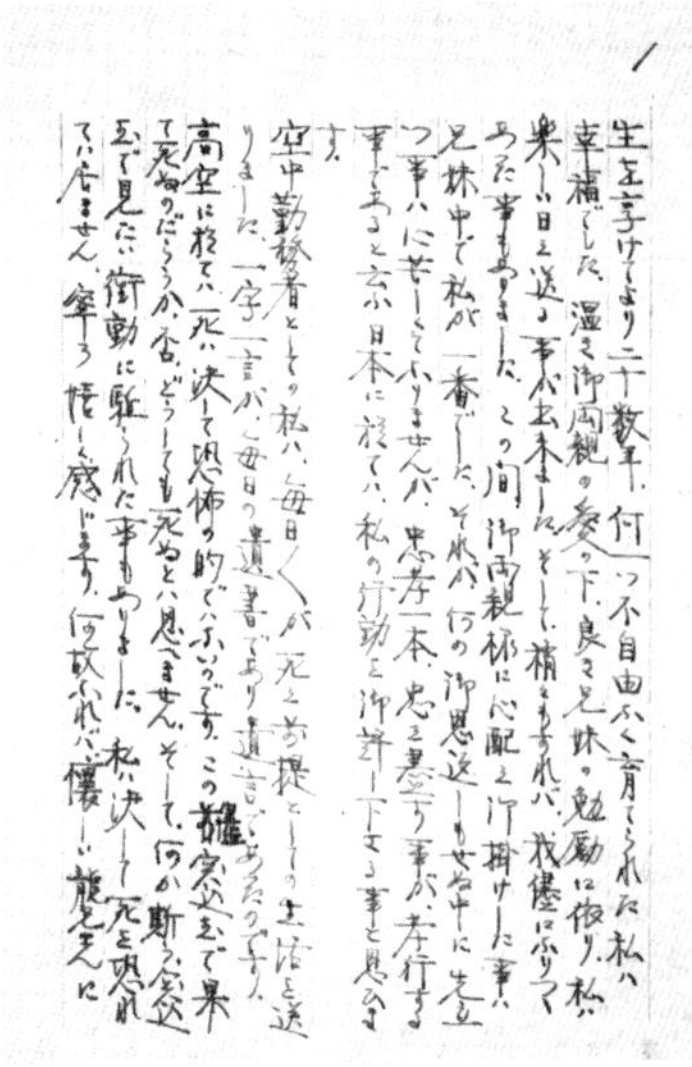

1
生を享けてより二十数年何一つ不自由なく育てられた私ハ
幸福でした。温き御両親の愛の下、良き兄妹の勉励に依り、私ハ
楽しい日を送る事が出来ました。そして稍もすれバ我儘になりつつ
あった事もありました。この間御両親様に心配をお掛けした事ハ
兄妹中で私が一番でした。それが何の御恩返しもせぬ中に先立
つ事ハ心苦しくてなりませんが、忠孝一本、忠を尽す事が孝行する
事であると云ふ日本に於てハ私の行動をお許し下さる事と思ひま
す。
空中勤務者としての私ハ毎日毎日が死を前提としての生活を送
りました。一字一言が毎日の遺書であり遺言であったのです。
高空に於てハ死ハ決して恐怖の的ではないのです。このまま突込んで果
て死ぬのだらうか、否、どうしても死ぬとハ思へません。そして何か斯う突込んで
みたい衝動に駆られた事もありました。私ハ決して死を恐れ
てハ居ません。寧ろ嬉しく感じます。何故ならバ懐しい龍兄さんに

第二の遺書の冒頭部分

四月一一日、故郷で過ごす最後の日、良司は昼間近隣の人たちに出立の挨拶をし、家族との最後の夕食が終わると、有明駅へと出発した。有明医院の門前で、家族と近所の人が見送るなか、良司は振り返り振り返り去って行き、上原家から一〇〇、二〇〇メートルくらい離れた所で、大声で「さようならーさようならー」と二、三回、別れを告げた。

その声が今まで聞いたことがないほど大きく重くて、近所の幼馴染み三人は思わず家をとび出して、走って良司に追いつき、駅まで見送ったそうだ。また向かいの家の二階でその声を聞いた女性は、七〇年後の聞き取りに、「良ちゃんのあんな声聞いたことがなかったから今でも耳に残っている」と答えた。

※陸軍特攻隊第五十六振武隊員となる

この頃良司は縦一〇センチほどのメモ帳を持っており、そこに「松本発二一・三六、新宿着五・五五」と記されているので、おそらくこの汽車に乗り、四月一二日早朝新宿に着き、清子の通う東京女子医学専門学校を訪れたのであろう。良司が寄宿舎の建物に触れ、「頑丈だから、空襲でも大

丈夫だよ」と言ったのと、バス停まで並んで歩きながら、兄の胸の空中勤務者の徽章が誇らしかったのを、清子はよく覚えていた。

翌一三日には常陸教導飛行師団（茨城県）に到着し、父に葉書を出した。そこで良司は第五十六振武隊員となった。その後調布飛行場（東京都）に移動し、出撃命令を待った。五月一日に面会に行った清子が、まるで学生のように、冗談を言い合っている兄たちの会話を手帳に記している。

そして、調布を五月三日に発つことを兄から告げられ、急ぎ両親に知らせた。

※辞世の句

調布飛行場を発つ前日、五月二日雨の夜、高円寺の竹林家を良司が訪ねた。翌朝調布を離れることを告げ、腕時計式磁石を「もう要らないから」と息子の克明に手渡し、「春雨や　思ひすてたる身もぬるる　五十六振武隊　上原少尉」と筆でしたためたハンカチを残して雨の中戻って行った。

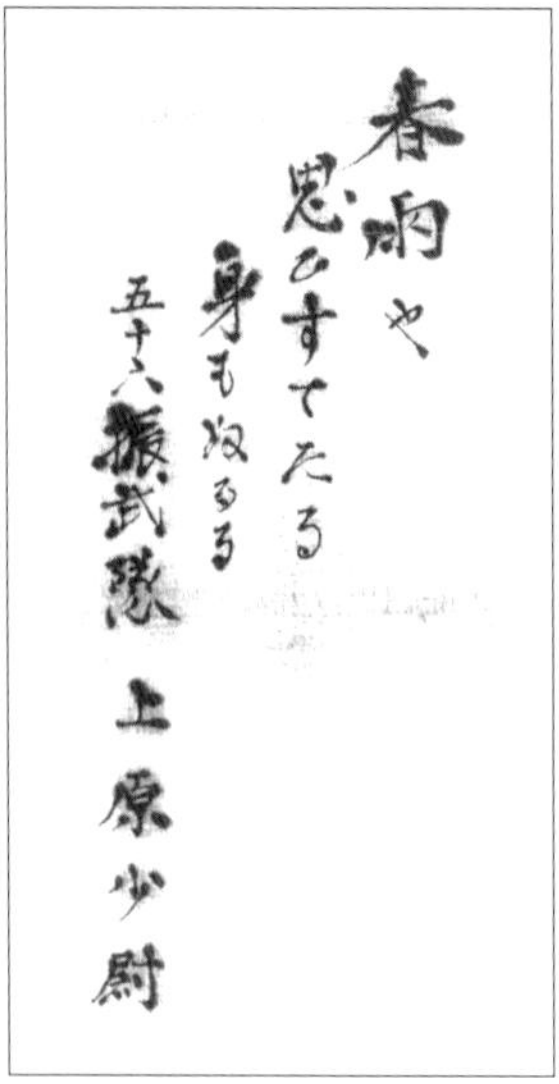

ハンカチにしたためた辞世の句

翌朝面会に行った竹林親子は良司と会えたけれど、はるばる餅を手に会いに来た母は、もう遠くで整列した良司を目にしただけで、言葉を交わすことも食べ物を渡すことも出来なかった。そしてそれは母が見た良司の最後の姿だった。

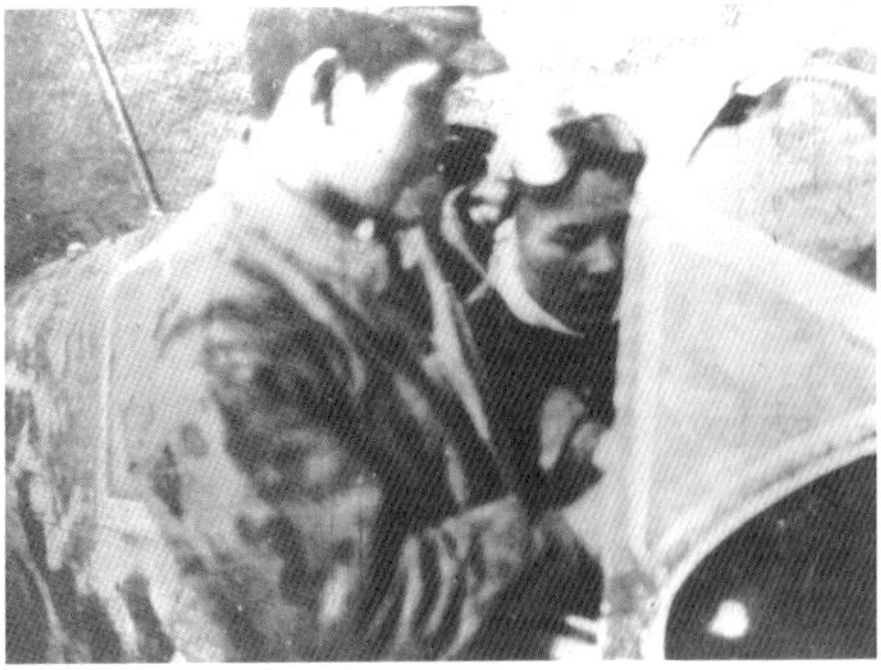

明野基地を飛び立つ直前に少年整備兵からツツジを手渡される良司（1945 年 5 月 4 日）

良司たちは調布から明野《あけの》飛行場（三重県）に飛び、そこに配属されていた同期生と再会し、翌朝四日、整備兵が手渡した山ツツジを操縦席に飾り、知覧に向けて飛び立った。トラブルに見舞われながらも、六日から八日には知覧基地に到着したようだ。

※発見された「第三の遺書」と辞世の短歌

二〇一八年秋、上原家から新資料の提供があった。実物はないけれどネガを現像すると、日本映画社の原稿用紙一枚の「遺書」の写真であったとのこと（本章ではこれを「第三の遺書」と記す）。まず両親に感謝と別れを告げ、遺書は「入学記念アルバム」にあると記す。日付は五月九日夜。同じ日に三通の葉書（父宛、東京の清子宛、義姉澄子と登志江宛。実物は失われコピーのみ）を書き、同じように「遺書」の在り処に言及している。三通の葉書は、それぞれに心からの別れを告げてはいるが、最も伝えたかったのは「遺書は入学記念アルバムの中にある」ことなのは明白である。後述する高木俊朗にまで託したのは、念には念を入れたのであろう。

そして原節子のブロマイドには、「辞世　ますらをの　のぞみはたしてちるときは　わがたらちねも　ゑまれらるらん　陸軍特別攻撃隊五十六振武隊上原少尉二十年五月九日」と赤黒二本のペンで書かれている。

この日にはもう一通、師岡みゑ子宛の手紙も出した。受け取ったみゑ子は別れの言葉が書かれていたので驚いて返事を出したが、宛先不明で戻ってきた。のちに結婚が決まった時、良司からの手紙と戻ってきた自分の手紙を二通重ねて焼いたという。

※本箱の引き出しに秘められた遺書と恋文

良司の遺書のからくりはこうだ。

上原家の家族は良司の死後、おそらく五月中に、郵便で届いた葉書と、その後に陸軍報道班員・高木俊朗から届けられた「第三の遺書」を読む。それから離れの入学記念アルバムの中に挟まれた第二の遺書を見つけ、それを読む。そして「遺書」に書かれている通り、本箱の引き出しの仕掛けを解いて釘を抜き、『クロォチェ』を見つけて第一の遺書を読む。そして、運が良ければ、誰かがいつか丸印の文字を見つけ、秘められた恋文を読み解いてくれるかもしれない。良司は二重三重のからくりを用意して、発見してくれるのを待つことにしたのだ。一年八カ月をかけた壮大な恋文である。

この恋文に気が付いたのは、女学生だった登志江で、何気なく『クロォチェ』を手にしたとき、文字を囲んだ丸印に気が付き、それをたどり、兄の冶子への決して実らない恋心を初めて知った。

※高木俊朗に託した「所感」と「手紙」

五月一一日は第七次総攻撃の日であり、前日の夕食後一人でいた良司に陸軍報道班員の高木俊朗は、日本映画社の二〇〇字詰め原稿用紙を渡し、なんでも思うことを書くよう伝えた。そして出撃の朝良司は二通の封筒を高木に手渡した。

一通は「所感」と書かれた七枚にわたる原稿で、家族や故郷が育んでくれた感性、学問が与えてくれた思想、理不尽な軍隊に抵抗することで獲得した信条が理路整然と綴られたものだ。良司の死後、高木が上原家に届け、『きけわだつみのこえ』に応募し掲載された遺稿である。

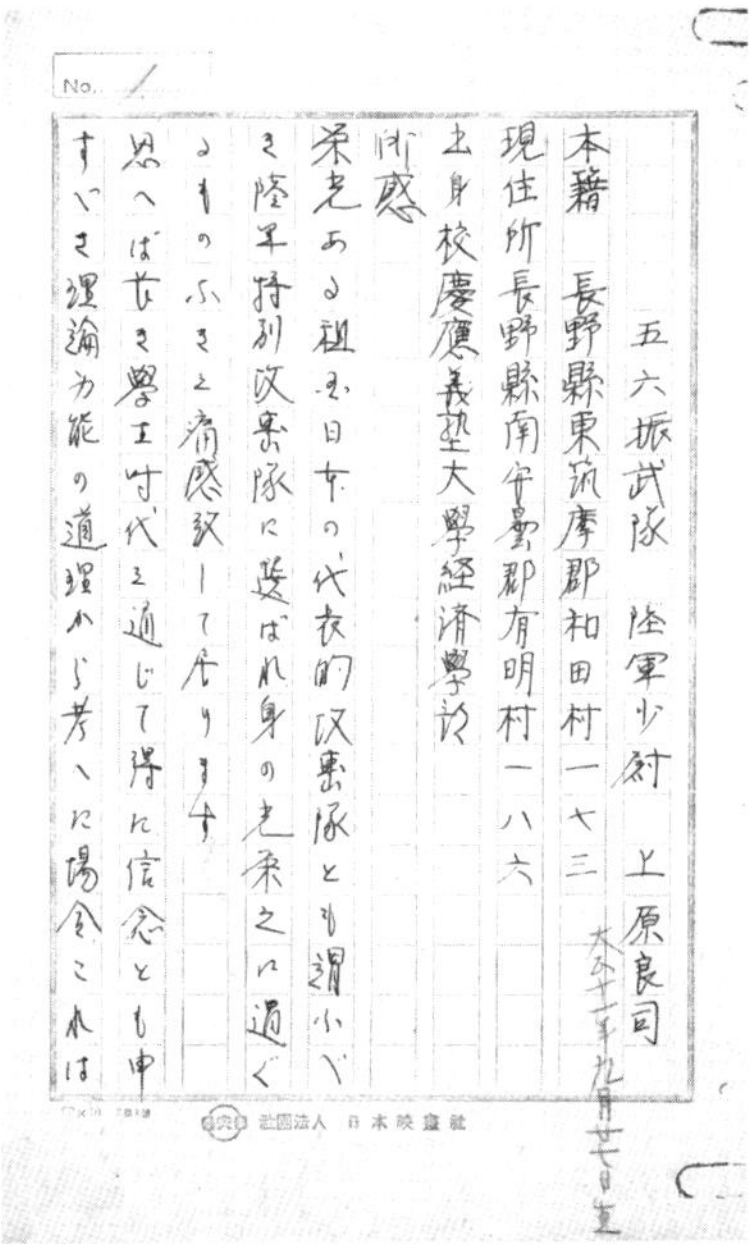
No. 1
五六振武隊　陸軍少尉　上原良司
大正十一年九月廿七日生
本籍　長野縣東筑摩郡和田村一七三
現住所長野縣南安曇郡有明村一八六
出身校慶應義塾大學經濟學部
所感
栄光ある祖国日本の代表的攻撃隊とも謂ふべき陸軍特別攻撃隊に選ばれ身の光栄之に過ぐるもののなきを痛感致して居ります
思へば長き學生時代を通じて得た信念とも申すべき理論万能の道理から考へた場合これは

良司の戦死後に届けられた「所感」の冒頭部分

「所感」はまず、自己紹介のように「本籍・現住所・出身校」で始まる。そして、「栄光ある特別攻撃隊」に選ばれたことを「身の光栄これに過ぐるもののなき」と書く。一見、特攻隊員らしい物言いであるが、続けて良司は自分がまさに渦中にいる世界大戦での勝敗を冷静に分析し、イタリア・ドイツと同様に権力主義全体主義国家日本の敗戦をも予見する。

そして、特攻隊員の自身を「操縦桿を採る器械」であると断定し、何も言う権利はないとしながら、「唯、願わくば愛する日本を偉大ならしめん事を、国民の方々にお願いするのみです」と記す。この「所感」は私たち日本人にというよりも、人類に宛てた命と引き換えの「遺言」なのかもしれない。

「所感」は、文字の乱れもなく、書き直しはただ一文字だけという見事な文章であるし、文法的にも何の間違いもないと思う。ただ、「こんな精神状態で征ったならもちろん、死んでも何もならないかも知れません。故に最初に述べた如く特別攻撃隊に選ばれた事を光栄に思っている次第です。」の「故に」には、良司らしい逆説が込められているように思われる。最後まで良司は、慶應義塾大学経済学部出身の自由主義者の「彼」として生き、そして「彼」としての死を選んだのではないか。

「所感」は、高木俊朗との奇跡的な出会いによって生み出され、いま、私たちが良司の「後世の私たちへのメッセージ」を読むことができるのは、僥倖《ぎょうこう》としか言いようがない。それは多くの人の心に響き、後世優れたテレビ番組となり、展覧会や写真展でも何度も展示された。

もう一通は目達原基地で好意を抱いた江口瑠璃子への手紙だった。高木はそれを瑠璃子宛に郵送し、それを読んだ瑠璃子は良司の自分への気持ちを知った。その手紙は、日本映画社の二〇〇字詰め原稿用紙二枚に書かれており、瑠璃子は手紙を諳んじていたようだが、文面は内緒のままで、自身の結婚が決まった日に焼いたとだけ教えてくれた。

※第七次沖縄総攻撃五月一一日出撃の朝

特攻隊員の出撃時の詳細は、その特攻隊員は自分の命を武器に死んでしまったのだから話を聞くすべもない。しかし『背振の雲』（特操目達原会）には、五月に知覧基地から沖縄に向けて出撃しながら、悪天候と、機体不良で偶然生き残った同期生の手記がある。

それによると、三時に起床し新しい衣服を着て、日の丸の鉢巻きを飛行帽の上から締め、遺留品は落下傘袋に入れ送り先の紙片を置き、不時着時用の乾パンを持ち、試運転を済ませた機に乗り込むと、整備兵は無線信号と、機関砲弾が一〇〇発と伝えたそうだ。おそらく良司も同じような行動をとったことであろう。

良司たちは出撃直前に、学生時代にそうしたように、円陣を組み手拍子をうって「男なら、男なら」と歌ったと、高木は『知覧』に記した。

良司が沖縄方面で特攻死したのは五月一一日午前九時であった。

安曇野の上原家には、良司の葉書二通が郵送された。五月九日の日付の遺書と遺詠の書かれたブロマイドがどのようにして届いたのかは不明である。葉書を読んだ父に言われて、離れのアルバムに挟まれた遺書を見つけたのは登志江であったとのこと。父が封筒を開けたそうだが、大きく破かれていて、心の動揺が見えるようだ。

そして出撃前夜に綴った、まるで人生の卒業論文のような「所感」を託されていた高木俊朗は、八月に安曇野まで持参している。良司の死後、五月二一日に調布より将校行李が、二五日には知覧靖部隊より遺品が両親のもとに届いたことが、父の手帳に記されている。

良司の最後の帰郷については、父も良司もなにも書き残していない。書かなかった重さを今になって知る。

※戦後の上原家とゆかりの人々

次男の海軍軍医龍男を一九四三年一〇月に潜水艦で亡くし、四五年五月一一日、三男良司を沖縄特攻で亡くした上原家の最後の望みは、ビルマ戦線で陸軍軍医としての任務に就いていた長男良春の帰還であった。しかし四六年にもたらされたのは、四五年九月に戦病死を遂げたという知らせであった。一家は悲しみの底に落とされた。悲しみを形にするように、父は菩提寺の万年寺に三兄弟の墓を建立した。兄弟が親しんだ有明山の花崗岩を使ったものだ。そして、写真を基に制作された三兄弟の胸像を居間に置いていた。

妹たちの記憶では、両親は人前では涙を見せず、父は医師会や村の助役としての公的な役割を果たし、母は開業医の妻として多忙であった。妹たちはそれぞれの家庭

松本市万年寺に建てられた３兄弟の墓

生活があったけれど、夫の欣二と有明医院を継いだ清子は、両親の我が子への想いも引き継ぐように、展示会やテレビ番組、講演会など、良司に関しては出来る限りの協力を惜しまなかった。千葉県に住む登志江も、しばしば姉と行動を共にし、二人の静かな悲しみの言葉は、聴く者の胸の奥に響く。清子は「若い皆さん勉強してください。兄たちは出来なかったのです」と伝え、登志江は「特攻隊を決してカッコイイと思わないで」と言った。

青木房子の語る楽しい上原兄弟のエピソードはそれだけで戦争の悲惨を伝える。師岡みゑ子と江口瑠璃子は後年、良司との鮮やかな記憶を語り、手紙に記した。二人が年を重ねて初めて出会った時、「私たちライバルよね」と楽しそうに手を取り合った。そして、ともに良司の存在が心にかかりながらも、新しい家庭を持ち戦後を生き切った、聡明で魅力的な女性であった。

妹清子への聞き取りをする筆者（左）

◇

これが上原良司の一生であり、知り得る限りの良司の素顔である。

アジア・太平洋戦争での日本人将兵の戦没者は約二〇〇万人と言われる。上原良司はその中の一人である。しかし丹念にその短い生涯をたどると、愛する家族、初恋の人、友人、学問、故郷に囲まれた濃密な個人史に行きつく。ひとりの戦死者を知ることは全ての戦死者を知ることでもあるのだ。

良司は「所感」の最後に「明日は自由主義者が一人この世から去って行きます。彼の後姿は淋しいですが、心中満足で一杯です」と書いた。読み手は感動と同時に戸惑いを覚えるのであるが、「満足」という言葉は遺本『クロォチェ』に記した「私は戦死しても満足です。何故ならば、私は日本の自由のために戦ったのですから」から繋がっているのではないかと推察する。つまり、「良司の戦い」とは、故国としては愛するけれど、国家の形としては許容できない全体主義国家日本に住み、軍隊という矛盾と暴力の日常にいて、特攻隊員という愛国心の象徴のような立場で、上官への提出日誌に公然と軍隊批判や、政治の矛盾を書き続けたことではなかったのか。

一年六カ月の彼の軍隊での一日一日こそが、命を懸けての戦いだったのではなかろうか。

＊本章の写真、資料などは、原則として上原家より提供いただいたものである。

◆引用・参考文献

・阿久澤武史『キャンパスの戦争　慶應日吉１９３４－１９４９』慶應義塾大学出版会、二〇二三年
・岩井忠正・忠熊『特攻最後の証言』ザ・ブック、二〇二〇年
・上原良司著中島博昭編『あゝ祖国よ恋人よ　きけわだつみのこえ』信濃毎日新聞社、二〇〇五年
・小島清文『戦争と人間　守るべき国家とは何か』昭和出版、一九九九年

・白井厚監修『いま特攻隊の死を考える』岩波書店、二〇〇一年
・白井厚『アジア太平洋戦争における慶應義塾関係戦没者名簿』二〇〇七年
・高木俊朗『戦記作家高木俊朗の遺言』文藝春秋社、二〇〇六年
・知覧高女なでしこ会編『知覧特攻基地』私家本、一九七九年
・都倉武之・亀岡敦子・横山寛編『長野県安曇野市　上原家資料1』慶應義塾福澤研究センター、二〇一九年
・特操目達原会編『背振の雲　飛燕の思い出』私家本、二〇〇七年
・日本戦没学生記念会編『新版きけわだつみのこえ　日本戦没学生の手記』岩波書店、一九九五年
・日本戦没学生記念会編『第二集きけわだつみのこえ　日本戦没学生の手記』岩波書店、二〇〇三年
・日吉台地下壕保存の会編（山田朗・監修）『本土決戦の虚像と実像』高文研、二〇一一年
・松浦喜一・松浦アヤ子『戦場体験と九条護憲を考える』私家本、二〇〇七年
・安田武『学徒出陣　されど山河に生命あり』三省堂、一九六七年
・山田朗『日本の戦争Ⅱ　暴走の本質』新日本出版社、二〇一八年
・吉田裕『日本軍兵士―アジア・太平洋戦争の現実』中央公論新社、二〇一七年

V

日吉、鹿屋、そして沖縄

地下壕がつなぐ歴史

安藤　広道

■はじめに―鹿屋の第五航空艦隊司令部壕

鹿児島県鹿屋《かのや》市街の西方に第五航空艦隊司令部壕と呼ばれる地下壕が残っている。この第五航空艦隊は、艦隊と名付けられているが艦船からなる部隊ではない。アジア・太平洋戦争末期、一九四五年二月一〇日に編成された、陸上基地から航空機による作戦を行う基地航空部隊である。

鹿屋市のある大隅《おおすみ》半島中央には、およそ三万年前の姶良《あいら》カルデラの巨大噴火で形成された南九州最大のシラス台地が広がっている。中部大隅台地と呼ばれるこの台地は、高燥なうえに広大な平坦面をもつ、航空基地の建設に打って付けの地形である。そのためアジア・太平洋戦争期には、琉球諸島方面の防衛の拠点として鹿屋、笠ノ原(注:カサノハラは、一般に「笠之原」「笠野原」と表記されるが、海軍関係の資料では、ほぼ「笠ノ原」で統一されている)、串良の三つの海軍航空基地が設置されていた。(図1)

中部大隅台地は、太平洋に流下する肝属《きもつき》川により北東の笠野原台地と南西の鹿屋原台地の大きく二つに分断され、鹿屋の市街地は、両者に挟まれた肝属川の谷底低地を中心に展開する。第五航空艦隊司令部壕は、肝属川の支流、下谷川《しもたにがわ》に面した鹿屋原台地の北東縁辺、東に伸びる舌状《ぜつじょう》台地の先端に造られている。鹿屋原台地の中央には鹿屋航空基地があり、ここが第五航空艦隊の作戦の拠点になっていた。基地は現在、海上自衛隊に引き継がれており、滑走路や建物の配置は当時から大きく変わっておらず、建物も一部使用されている。

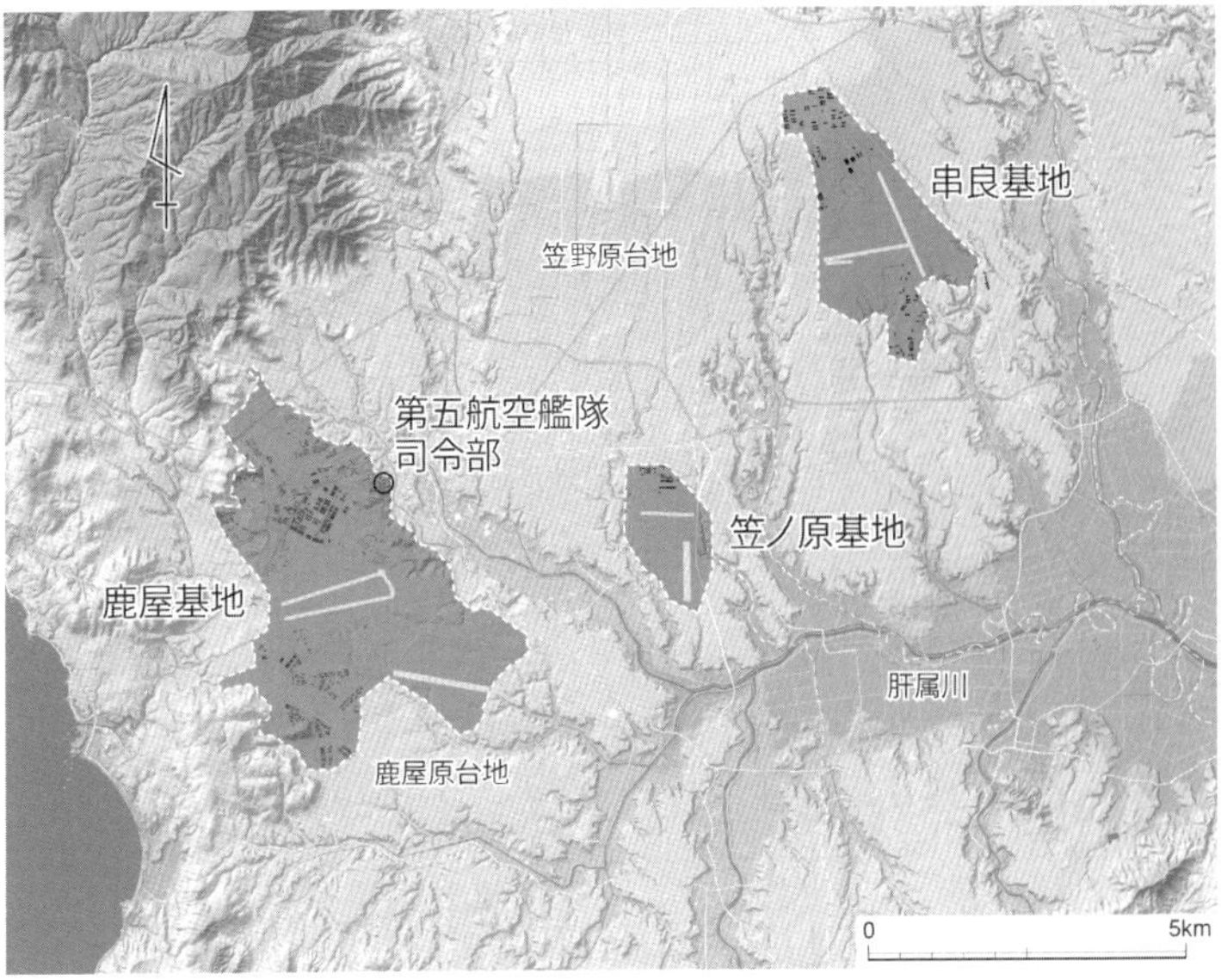

図１　中部大隅台地の海軍航空基地（『地理院地図』より作成）

この第五航空艦隊とその司令部は、その編成から敗戦までの間、日吉の連合艦隊司令部が最も密接に関係していた部隊・司令部であったと考えられる。なぜなら、ほどなく始まる沖縄戦において、この二つの司令部の指揮命令系統のもとで、空前絶後の規模の特攻作戦が展開されていたからである。

1　第五航空艦隊の編成

第五航空艦隊が編成された一九四五年二月ころは、前年一〇月から続くフィリピン戦の勝敗の行方がみえてきて、太平洋の戦局がいよいよ日本列島周辺に移行しようとしていた時期である。フィリピン一帯の制海権の喪失は、戦争継続に不可欠な原油などの資源を、東南アジアから本土に輸送できなくなることを意味していた。それだけでなく、フィリピン戦での艦隊及び航空戦力の消耗により、大日本帝国は列島周辺の制海権・制空権の維持すら困難になっており、本土周辺への兵力・武器・物資の輸送もままならない状況に追い込まれていた。

大本営は、そうしたなかでも、本土決戦を視野に戦争を継続し、大規模作戦（決戦）によって米軍に大損害を与える、あるいは徹底した抗戦によって戦意を挫くことで少しでも有利な講和に持ち込む方針を貫いていた。もはや勝ち目はないと認識しながら、次の決戦や敵の戦意喪失に望みをかけ続けるという、負のスパイラルにはまり込んでいたのである。

一九四五年一月二〇日、大本営は、以後の作戦方針をまとめた「帝国陸海軍作戦計画大綱」を決定した。その内容は多岐にわたるが、日本列島に向けて進攻してくる米軍に対しては、「特ニ精錬ナル航空戦力ヲ整備シ以テ積極不羈《ふき》ノ作戦遂行ニ努ムルヲ以テ其ノ主眼トス」（『戦史叢書　沖縄方面海軍作戦』）と、航空戦力で対抗することが強調されている点が注目される。それは当然のことながら基地航空部隊の航空戦力を意味していた。

また、ここで謳われている「積極不羈ノ作戦」とは特攻のことであった。特攻は、西太平洋における劣勢が明確になった一九四三年中頃から、戦局挽回の秘策として導入が主張されはじめ、一九四四年に入ると兵器開発を含めた準備が進められていたが、兵士・国民の士気低下と反戦感情誘発への懸念から、陸軍・海軍ともにその実施に慎重な姿勢を取っていた。そうしたなか、フィリピン戦が始まった一九四四年一〇月下旬、ついに海軍の基地航空部隊である第一航空艦隊によって、初の組織的な特攻作戦が行われることになる。練度の高いパイロットが減少し、爆撃・雷撃の効果に期待が持てなくなってくるなか、もはや特攻に踏み切るしかないとの判断がなされたわけである（『戦史叢書　海軍捷号《しょうごう》作戦〈2〉フィリピン沖海戦』）。

この作戦は、米軍が体当たり攻撃を想定していなかったこともあって戦果を挙げ、さらに「国民戦意の振作」のための扇動的な報道が功を奏して、多くの国民からの支持を得ることにも成功する。こうした経緯により、以後、米軍の進攻への対抗策として、陸軍も含めなし崩し的に特攻が作戦計画の中心に位置づけられるようになるのである。

一九四五年初めまでに大本営は、米軍が二月ころ小笠原諸島の硫黄島に進攻してくること、そして四月ごろには台湾・沖縄方面に向かってくる可能性が高いとの予測を立てていた。加えて大本営海軍部（軍令部）は、小笠原諸島から直接本州島に進んでくることも想定したうえで、本土における基地航空部隊の整備を急ぐことになる（『戦史叢書　沖縄方面海軍作戦』）。

まず小笠原諸島方面については、本土防空のために編成されていた第三航空艦隊に主に対応させることにした。そしてもう一方の台湾・沖縄方面に対しては、南九州に配備されていた第三航空艦隊所属の第二五航空戦隊と、特攻作戦のために編成されていた連合艦隊直属の第十一航空戦隊を統合して第五航空艦隊を編制し、南九州を中心に展開させたのである。そして九州の海軍航空基地の中核である鹿屋基地にその司令部が置かれることになった（『戦史叢書　大本營海軍部・聯合艦隊〈7〉』）。

司令長官に補職されたのは宇垣纏《まとめ》（中将）である。宇垣は、『戦藻録《せんそうろく》』という日記を残した人物として知られている。『戦藻録』は、複数の大規模作戦に参加してきた人物による陣中日誌としての側面をもっており、戦史研究における重要史料と評価されてきた日記である。その記述からは、沖縄戦における航空特攻作戦の具体的な内容はもちろん、それらが、日吉の連合艦隊司令部、そして沖縄で激戦を展開していた陸軍第三十二軍や海軍沖縄方面根拠地隊との、どのようなやりとりのなかで立案・実施されていたのかを具体的に知ることができる。

2　戦争遺跡としての鹿屋・第五航空艦隊司令部壕

※司令部壕の概要

地下壕が作られたのは、長さ約五〇〇メートル、幅一〇〇～二〇〇メートルほどの舌状台地の先端である。台地の標高は六二メートル前後。前面の下谷川の谷底低地との比高差は三五メートル程度である。周囲の崖面は急峻で、崖下には崩落土が堆積した斜面地（崖錐）が形成されている。地下壕は、崖面と斜面地が接するあたり、標高三六メートル前後の位置に複数の出入口を設け、そこから台地の奥側に向けて掘られている。

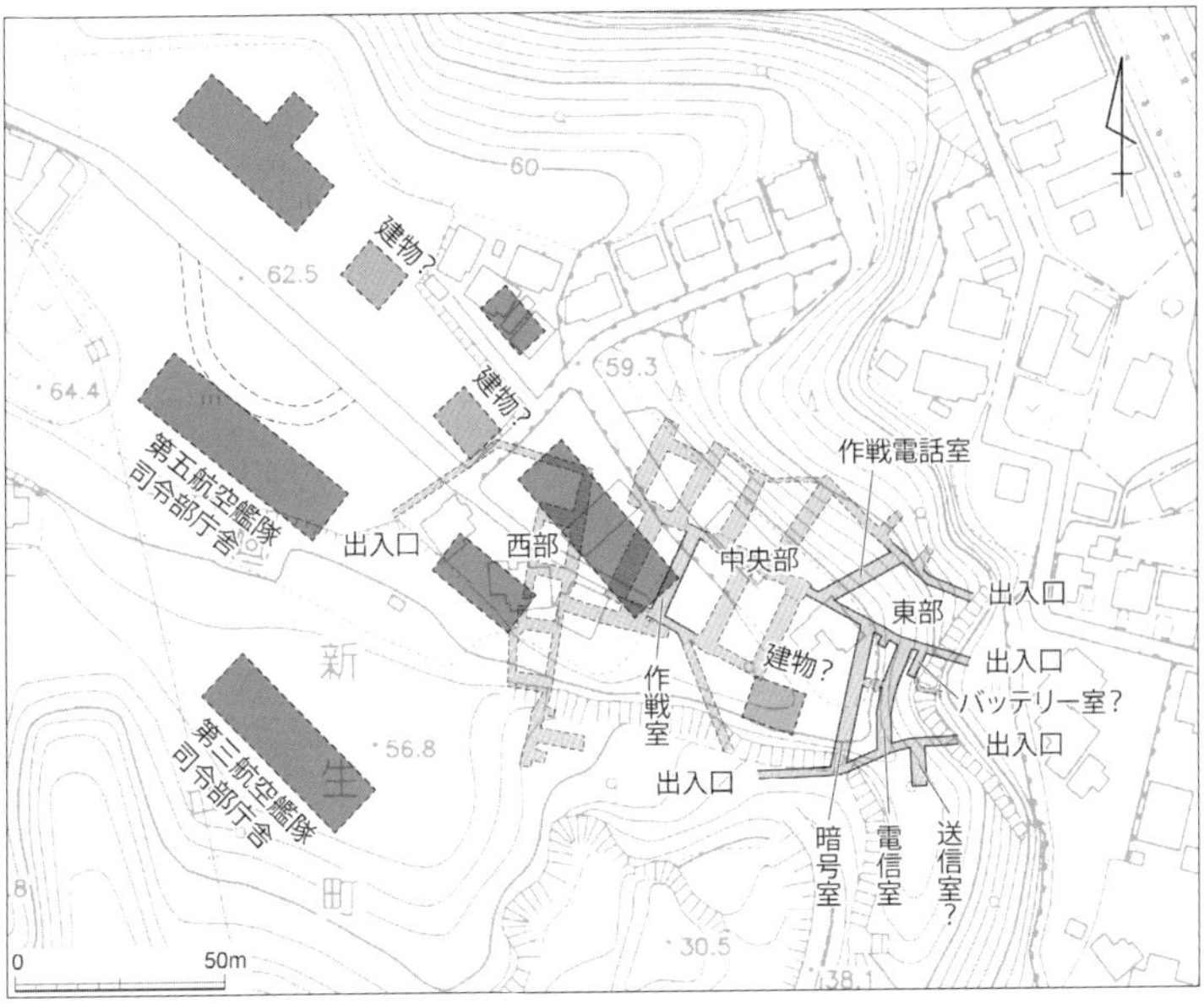

図２　第五航空艦隊司令部

平面プランはやや複雑で、大きく東部、中央部、西部の三つに区分することが可能である（図２）。東部は東に開口する三本の通路とそれらを結ぶ大型の坑道で構成される。ほぼ全体の壁と天井がコンクリートで補強され、通路は幅・高さともに二メートル、大型坑道は幅三・五メートル、高さ三メートルの規格で造られている。中央部は、東部中央の通路に接続する素掘りの坑道を基幹とし、その南北にあみだくじ状に大型の坑道を配置する。コンクリート補強部分は限られ、大半はシラスを掘削しただけの素掘りの状態である。西部は中央部に付属するように掘削された、幅・高さともに小規模な素掘りの坑道群である。東部、中央部より二メートルほど高い位置に床面が作られ、北端に台地上から降りてくるための急傾斜の通路が接続している。なお、これら全てを合わせた壕の全長は七三〇メートルになる（『慶應義塾大学日吉キャンパス一帯の戦争遺跡の研究Ⅱ』）。

この地下壕は、二〇〇五年、特殊地下壕等対策事業の一環で埋め戻されることが決まり、実際に素掘り部分の大半が埋め戻された。ただ、保存を要望する市民の声もあって、東部全体と中央部の主要部分が埋め戻されずに残され、現在に至っている。

坑道のいくつかについては、伝聞や聞き取り調査などによって、使用時の名称や機能が明らかになっている。東部の中央通路と南通路の間の二本の大型坑道は、東が電信室、西が暗号室である。中央通路と北通路の間の大型坑道は作戦電話室と呼ばれ、複数の電話ブースが設置されていた。ここでは高等女学校の挺身隊員が周辺の航空基地と防空情報をやり取りしていたほか、時に鎮守府《ちんじゅふ》や中央諸部局にも電話することがあったという。名称の伝わる坑道は中央部にも一カ所あり、参謀室や作戦参謀室などと呼ばれている（『永遠の平和を願って―戦争体験集Ⅰ』）。

電信室をめぐっては、この場所のものとされる写真の存在が注目される。一九四五年六月一日刊行の『寫眞週報』第三七一号に掲載された写真である。（写真1）いつからこの写真が第五航空艦隊司令部壕と言われるようになったのかは不明であるが、地下壕は、そもそも使用時の写真自体が珍しく、ましてや場所が特定できるものはほとんどない。そこで、改めてこの写真と電信室の諸特徴を照らし合わせてみたところ、地下壕の規模や形状、構築方法の特徴などが一致し、加えて木煉瓦（釘やネジを打つためにコンクリートの壁面に埋め込んだ木材）の位置が、写真の配線や照明、棚の位置に対応することも判明した。

六月という刊行時期や、海軍の特攻基地との記載があることなどからも、沖縄戦の最中の第五航空艦隊司令部壕の電信室とみて間違いなさそうである。当時の電信室では、通信兵たちが壁沿いに並べられた受信機を前に、一日に何百通も届く特攻部隊や偵察部隊、沖縄の地上部隊や連合艦隊司令部などからの電報に、意識を集中させていたのであろう。

写真１　特攻基地の電信室（『寫眞週報』第三七一号）

電報は暗号化されており、それらは暗号室で解読される。暗号室は電信室と異なり、天井部に取り付けられた、配線や照明設置のための木材が大きく、一方で壁の木煉瓦は少ない。電信室のように多数の機器を設置する必要がなかったためと考えられる。作戦室／作戦参謀室は、他の大型坑道と幅や高さは同じであるが、天井や壁にレール状の木煉瓦が何条も埋め込まれており、他とは異なる印象を受ける坑道である。『戦藻録』には「壕内作戦室」という言葉が頻繁に登場し、宇垣がそこで命令を発し、作戦の推移を見守り、時に寝泊まりもしていたことが記されている。ここが宇垣の言う壕内作戦室だったとみて間違いなかろう。

他の坑道については名称等の記録や伝聞はない。ただ、諸特徴から機能を推測し得る場所がいくつか存在する。例えば電信室の東隣、中央通路から南に伸びる短い坑道は、奥隅に換気用とみられる坑道が接続している点、電力消費の大きい電信室に接している点などから、蓄電器などを設置した場所と推定される。また、南通路の南に接続する大型の坑道は、電信室に類似した木煉瓦配置が認められることから、同様に電気機器類が設置されていたと推測される。送信機の可能性が考えられる。

東部の南通路は暗号室のあたりから急角度で上がっていき、台地の南斜面に開口していた。作戦参謀室からも、同じ斜面に上っていく通路が設けられている。また、西部には台地上につながる通路が付属していた。東部につながる出入口は電信室や暗号室で作業する兵士たち用、一方作戦参謀室につながる二つの出入口は、司令長官や幕僚たちのものと考えていいだろう。

中央部や西部の素掘りの坑道群については、その機能についての手がかりは得られていない。ただ鹿屋航空基地は、三月一八日以降、連日のように空襲を受けていたため、その多くは、司令部の軍人・軍属たちの待避や居住の場、あるいは倉庫などとして利用されていたものと考えられる。

※台地上の庁舎群

鹿屋航空基地については、米軍による航空写真が数多く残されている。米軍が攻撃対象の分析と攻撃成果の評価に力を入れていたためであるが、残された写真の多さは、それだけ鹿屋基地が頻繁に攻撃されていたことを物語る。それらを見ると、地下壕のある台地の上に、四棟の大型建物を含む建物群が写っていることが分かる（図2参照）。『戦藻録』には、宇垣の鹿屋赴任時に「疎開新築のバラック庁舎」に入ったこと、そこが「山上の」「堂々たる」建物であったことなどが記されている。また、庁舎と地下壕の近接性をうかがわせる記述も多い。これらのことからみて、台地上の建物群が「バラック庁舎」であることは間違いなかろう。つまり第五航空艦隊司令部も、日吉の連合艦隊司令部と同様、台地上の建物群とその下の地下壕をセットで使用していたことになる。

舌状台地は、多数の出入口を設けやすく、掘削も効率よく行えるため地下壕構築に適している。また、台地上も、出入りを台地のつけ根に限定できるため、機密性を要する施設に向いている。日吉の連合艦隊司令部や鹿屋の第五航空艦隊司令部が、ともに舌状台地に立地するのは偶然ではない。

建物群のなかで、中央西寄りの一棟はひときわ大きく、北東にロータリーが敷設されている。屋根には迷彩が施され、地下壕西部の坑道がこの建物に近接して開口していたことからも、この建物が司令部庁舎の中心であり、宇垣がいた場所と考えてよさそうである。第五航空艦隊司令部には、沖縄戦の後半まで第三航空艦隊司令長官の寺岡謹平（中将）も派遣されていたが、寺岡のいた建物は「下のバラック」と表現されており、南の一段低い平坦面の大型建物がそれにあたると考えられる。

鹿屋基地を撮影した米軍の写真は、管見の限り一九四四年一二月二六日撮影のものが最も古い。そこにはこれらの建物は写っておらず、付近が整地されている様子がうかがえるのみである。つまり、これら建物群は、その後一カ月半ほどで完成していたことになる。聞き取り調査によると、地下壕は一九四五年一月から建設が始まり、工事が半分も進んでいない状態で司令部が移転してきたという（「建設を指揮した地下壕の中で死地に赴く特攻隊員に手を合わせた」）。『戦藻録』には、二月二八日から地下壕を使用し始めたと書かれており、着工から二カ月足らずで何とか使用可能な状態になっていたことが分かる。

海軍の設営隊の記録によると、一九四四年一二月一五日編成の佐世保鎮守府所属、第三二一設営隊（九六一名）が、鹿屋の「航空基地造成、築城」のために進出していたことになっている（『戦史叢書 沖縄方面海軍作戦』）。同設営隊が庁舎群と地下壕の建設に当ったとみていいだろう。一方で、以上の日程は、鹿屋での諸施設の工事が、第五航空艦隊編成前から始まっていたことを物語る。この点は、『戦藻録』の二月二七日の記述に「参謀長が廿五航戦司令官當時築造せる穴計畫は相當の規模にして、兵力により一ヶ月半にて略成せる」とあることからも追認できる。米軍の台湾・沖縄方面進攻が現実味を帯び、航空部隊の南九州への展開が必須となるなか、第二十五航空戦隊の鹿屋への展開や航空基地の整備などが順次進められていき、これらの基地整備を基盤として第五航空艦隊が編成されたわけである。

3 沖縄戦及び天一号作戦の展開

※沖縄上陸の前哨戦

第五航空艦隊編成から間もない二月一九日、米軍が硫黄島への上陸を開始した。ただ大本営は、フィリピン戦で消耗した艦隊・航空戦力では、硫黄島と沖縄双方の防衛は不可能と判断し、戦力温存の方針をとった（『戦史叢書 大本營海軍部・聯合艦隊〈7〉』）。そのため、硫黄島の戦いは現地地上部隊による持久戦となる。

一方で、このころ連合艦隊司令部は、米軍の本土方面への進攻を遅らせるため、米機動部隊（空母を中心とする部隊）への先制攻撃作戦を計画していた。硫黄島上陸の布石として関東の航空基地を攻撃した機動部隊が、補給のためミクロネシア南部のウルシー環礁に帰投するタイミングをとらえ、奇襲をかけるというものである。この作戦は第二次丹作戦と名付けられ、第五航空艦隊にその命令が下された。第五航空艦隊は、特攻部隊を編制し三月一一日に停泊中の米艦船への奇襲作戦を敢行する。

ただ、この作戦も空母一隻に損傷を与えただけに留まり、米機動部隊は三月一四日にウルシー環礁から出撃。沖縄上陸作戦の邪魔になる航空戦力の排除を目的に、一八日に九州の航空基地への大規模な爆撃を行った。海軍は戦力温存を考えながらも、結局、第五航空艦隊がこれを迎え撃つかたちとなり、二一日までの四日間で特攻機一七七機を含む延べ六九五機もの航空機を出撃させざるを得なくなる。これは第五航空艦隊としては総力戦に近い作戦であり、人間爆弾桜花も初めて実戦に投入された。このようにして連合艦隊司令部と第五航空艦隊を軸とした大規模な航空特攻作戦が始まるのである（『戦史叢書 沖縄方面海軍作戦』）。

米軍の動きから沖縄上陸が間近であると確信した連合艦隊司令部は、三月一七日に「敵攻略部隊南西諸島方面ニ来攻セバ陸軍ト緊密ニ協同シ聯合艦隊ノ全力ヲ挙ゲテコレヲ撃滅」との指示を発し、作戦名を「天一号作戦」とした。三月二三日に米軍が沖縄への爆撃や艦砲射撃を開始すると、連合艦隊司令長官豊田副武（大将）は、二五日に「天一号作戦警戒」、翌二六日に「天一号作戦発動」を発令。それとともに、関東方面に展開していた第三航空艦隊と、訓練部隊で編成した第一〇航空艦隊を、第五航空艦隊司令長官の指揮下に入れ、統一作戦を実施できるようにした。

一方、海軍と陸軍は、これらの動きに先立つ三月一日に、今後の戦局においては「陸海軍航空戦力ノ綜合発揮」が必要とし、『航空作戦ニ関スル陸海軍中央協定』を結んでいた。そして、連合艦隊司令部の天一号作戦計画指示とともに、陸軍の本土防衛部隊である第六航空軍が、三月二〇日より連合艦隊司令長官の指揮下に入ることになった。このようにして、以後約三カ月に及ぶ沖縄に向けた航空作戦は、連合艦隊司令長官の指揮下において、主に第五航空艦隊が中心となり、第六航空軍が策応・協力するかたちで実施されることになったのである（『戦史叢書 沖縄方面海軍作戦』）。

※米軍の沖縄上陸と菊水作戦・航空総攻撃の準備

米軍は、三月二六日に慶良間諸島に上陸、そして四月一日に沖縄本島中西部への上陸作戦を開始した。これに対し沖縄の第三十二軍は、地下壕を陣地とした持久戦の準備をしていた。そのため上陸部隊への積極的な水際防衛作戦を行わず、陸軍沖縄北飛行場、中飛行場は放棄されるかたちとなった。第五航空艦隊も戦力の消耗によって直ちに大規模作戦を展開できなかったため、米軍はその日のうちに二つの飛行場の占拠を果たす。

米軍の飛行場の使用は、南九州からの航空作戦の大きな障害となる。第三十二軍もそのことは認識しており、四月一日に連合艦隊を含む本土の各部署に対し、両飛行場に対する大規模航空作戦を要望している。沖縄戦をめぐっては、陸軍が本土決戦を視野に入れた長期的な作戦計画の一部としていたのに対し、海軍は米軍に一撃を与える決戦と考えていたことはよく知られるところであるが、二つの飛行場の早々の占拠は、どちらにとっても大きな誤算であった（『戦史叢書　沖縄方面海軍作戦』）。

四月二日、連合艦隊司令部は急遽草鹿龍之介参謀長（中将）ほか二名の参謀を鹿屋に派遣する。そして現地の第五航空艦隊、第三航空艦隊、第一〇航空艦隊の司令長官・幕僚と第六航空軍参謀副長、さらに大本営海軍部や陸軍部、第六航空軍の参謀たちも加わって、沖縄の米軍上陸に対する航空作戦の打ち合わせが行われることになった。打ち合わせは、翌三日「航空部隊の全力を以て、戦局打開の一大決戦を決行する要あり」との結論にまとまり、この総攻撃を菊水一号作戦と名付けるとともに、同日中にその作戦要領が発令された（『戦史叢書　大本營海軍部・聯合艦隊〈7〉』）。

ただ、この作戦の成功のためには、第三十二軍が米軍の飛行場使用を食い止めておく必要があった。そこで、第三十二軍に対し「敵ノ北、中飛行場ノ使用ヲ封止スル為」「主力ヲ以テ当面ノ敵主力ニ対シ攻勢ヲ取ラレンコトヲ熱望スル次第ナリ」との具申電報を送信。ほぼ同じころ、第三十二軍が所属する第一〇方面軍からも、「水際撃滅ノ好機ニ乗ジテ攻勢ヲ採ル」ことが打電され、第三十二軍は北・中飛行場方面への出撃を決断した（『戦史叢書　沖縄方面海軍作戦』）。

四日、連合艦隊司令長官によって菊水一号作戦が関係各部局に発令されると、第六航空軍も南九州の基地に航空部隊を集結させるなどの準備を始める。また台湾の第八飛行師団も連合艦隊司令長官の指揮下で特攻作戦に参加することになった。そして菊水一号作戦に策応した陸軍側の作戦を、第一次航空総攻撃と名付け、臨戦態勢を整えた（『戦史叢書 沖縄・臺湾・硫黄島方面陸軍航空作戦』）。

一方、上記の鹿屋を中心とした作戦準備の動きとは別に、日吉の連合艦隊司令部では、戦艦大和による海上特攻作戦を計画し、軍令部からの了解も得ていた。これは、航空作戦と同時に、大和を中心に編成された第一遊撃部隊を突入させ、人員と武器を揚陸した後、海上から米艦船や上陸部隊を攻撃する作戦である。こうしたさまざま動きを経て、四月五日、連合艦隊司令長官は、「帝国海軍部隊及第六航空軍ハX日（六日以降）全力ヲ挙ゲテ沖縄周辺艦船ヲ攻撃撃滅」「第三十二軍ハ七日ヨリ総攻撃を開始」「海上特攻隊ハ（中略）Y日黎明時沖縄西方面ニ突入　敵水上艦艇竝ニ輸送船団ヲ攻撃撃滅」との命令を発出。六日の作戦開始を決定し、連合艦隊司令長官も鹿屋に移り作戦を指揮することになった（『戦史叢書 大本營海軍部・聯合艦隊〈7〉』）。

なお、この間の推移は、連合艦隊司令部、第五航空艦隊司令部、第三十二軍、沖縄方面根拠地隊を含む、陸海軍諸部局の間で交わされた多くの電報からうかがい知ることができる。例えば海軍『電報綴 南西諸島』（防衛省防衛研究所所蔵）には、第三十二軍からの戦局報告が多数あり、逆に航空部隊の戦果を「當軍ノ作戰指導上極メテ重要ナル意義有スルニ付速報アリ度」（球参電第九五四號：四月三日）と要望している電報もある。菊水一号作戦発令時には、「當軍ノ絶對攻勢ニ關聯シ航空攻撃ヲバ要望ス」「航空攻撃開始七日朝トス」（球参電第五號：四月五日）と、航空総攻撃の日時に対する具申もみられる。また、この綴のなかには見当たらないが、大和の海上特攻作戦に対しては、現地の制空状況からみて成功の見込みがないと判断し「出撃を中止せられたし」（『沖縄決戦』）との電報を発信していたという。

沖縄方面根拠地隊も、三月二五日に連合艦隊参謀長から「作戰資料トナルベキモノハ細大トナク速報アリ度」（機密第二五一四五四番電）、三〇日にも「三十二軍司令部ト緊密ニ連絡陸軍ノ作戰指導竝ニ陸軍ノ主要戰果等全般作戰指導ニ關聯大ナル事項ヲ速報アリ度」（機密第三〇一三三〇番電）との指示を受けていた。現地の状況や作戦の全般的報告が沖縄方面根拠地隊の重要な任務であったことが分かる。

こうして米軍の沖縄上陸に対する反撃作戦が、連合艦隊司令部と第五航空艦隊司令部、そして沖縄の第三十二軍や沖縄方面根拠地隊とのさまざまな電報のやり取りを通して実行されることになったのである。

※沖縄戦と特攻作戦の推移

四月六日の菊水一号作戦・第一次航空総攻撃では、海軍が三九一機（特攻二一五機）を、陸軍は一三三機（特攻八五機）を出撃させ、米艦船（一部飛行場）への攻撃を行った。同日一五時二〇分には、第一遊撃部隊が徳山を出港する。翌七日にも航空特攻作戦は続き、海軍一五六機（特攻五三機）、陸軍九四機（特攻六一機）を出撃させた（『戦史叢書 沖縄方面海軍作戦』）。

第一遊撃部隊は、米軍がすでに日本の暗号の解読に成功していたこともあって（「暗号史料に見る沖縄戦の諸相」）、七日正午過ぎ、薩摩半島坊ノ岬の西南西約二〇〇キロ付近で米艦載機の猛攻を受け、大和ほか多くの艦船が撃沈される。一方、沖縄でも、六日の時点で第三十二軍司令官が、八日夜からの北・中飛行場方面への総攻撃を各部隊に下達していたものの、七日午後に浦添、那覇の西方に米上陸部隊が現われたため、中止せざるを得ない状況となっていた。

このように、陸海軍の連携のもと陸海空から実行するはずだった総攻撃は、計画とは程遠い展開となったが、それでも連合艦隊司令部と第五航空艦隊司令部は、特攻により米軍に大打撃を与えたと考え、二の矢、三の矢と、一二日・一三日に菊水二号作戦・第二次航空総攻撃、一六日・一七日に菊水三号作戦・第三次航空総攻撃を実施した。ともに菊水一号作戦・第一次航空総攻撃と同程度の大規模な作戦である。

ちなみに航空特攻作戦の戦果は、主に航空部隊からの報告により算定されていたが、第三十二軍や沖縄方面根拠地隊からも逐次報告があり、それらの情報も戦果に加えられていた。こうした戦果推定に基づき、菊水三号作戦・第三次航空総攻撃直後には、連合艦隊・第五航空艦隊司令部において「今一押しにて我勝利に帰すべし」（『戦藻録』四月一七日）との意見も出ており、沖縄でも「アメリカ軍はついに沖縄島攻略の企図を放棄するに至るかも知れん」（『沖縄決戦』）との観測がなされたという。とはいえ、特攻による米艦船の損耗は小さくなかったものの、実態は日本側の推定ほどではなく、米軍の進攻の勢いを止めるまでには至っていなかった。

大規模な特攻作戦を繰り返せば戦力は急速に減少する。四月一八日、連合艦隊司令部は、第一〇航空艦隊を第五航空艦隊司令長官の指揮下から外し、パイロットの練成を急ぐことにした。航空機の生産も追いつかず、使用できる機体も急速に減っていった。加えて米軍が、航空特攻阻止のため南九州の航空基地への攻撃を強化したことなどもあり、以後の航空特攻作戦は、規模の縮小と夜間の航空ゲリラ戦という方針転換を余儀なくされていくことになる。四月下旬、連合艦隊司令長官・参謀長らも日吉に戻った。

一方、沖縄では、第三十二軍が第一〇方面軍の厳命を受け、首里を中心に兵力を結集し、五月四日に総攻撃を行うことが決定されていた。連合艦隊司令部（この時にはすでに海軍総隊が発足）は、この作戦に策応して菊水五号作戦・第六次航空総攻撃を実施。三日、四日に艦船や飛行場への夜間攻撃を行った後に、海軍三〇〇機（特攻一五六機）、陸軍一二一機（特攻六五機）を出撃させた。しかし、第三十二軍の総攻撃は失敗に終わり、以後、第三十二軍は持久戦に徹することを決する。第三十二軍は五月七日、「敵ヲシテ作戦遂行ヲ断念セシメ」るにはさらに一〇〇〇～一三五〇機の投入が必要との具申電報を発信した（『戦史叢書　沖縄方面海軍作戦』）。翌八日には海軍総司令長官となった豊田が再び鹿屋に入り、一〇日に連合艦隊参謀長が第三十二軍に激励電報を発したうえで（『戦史叢書　大本営海軍部・聯合艦隊〈7〉』）、一一日に菊水六号作戦・第七次航空総攻撃を行った（上原良司が命を落とした作戦）。

しかし戦力の消耗によって、以後の航空特攻作戦は、場当たり的な沖縄の地上部隊への支援と米艦船への攻撃に終始するようになっていった。

※沖縄における組織的な地上戦及び天一号作戦の終焉

沖縄では、五月一六日、第三十二軍が、大本営陸軍部と第一〇方面軍司令部に宛て、首里における持久戦の窮状を伝えるとともに、航空作戦の強化、及び武器、兵力の投入を要請する電報を発信した。第六航空軍はこれを受け、北・中飛行場に強行着陸して制圧し、その間に米艦船への攻撃を行う義号作戦の認可を大本営に求め、併せて第五航空艦隊司令部にも連絡している（『戦史叢書 沖縄方面海軍作戦』）。第五航空艦隊と第六航空軍は、義号作戦に合わせ五月二四日、二五日に菊水七号作戦・第八次航空総攻撃を行ったが、天候不良などで大きな戦果を挙げることができずに終わる。第六航空軍は、引き続き第九次航空総攻撃を行うため、連合艦隊司令部、第五航空艦隊司令部に協力を要請。二七日、二八日に、菊水八号作戦・第九次航空総攻撃が実施された（『戦史叢書 大本營海軍部・聯合艦隊〈7〉』）。

ただし、そのころ第三十二軍は、沖縄本島南端に撤退することを決定し、五月二七日から移動を始めていた。三一日には司令部が摩文仁の自然洞窟を利用した地下壕に移り、最後の持久戦に臨むことになる。小禄に残った沖縄方面根拠地隊は撤退が困難となり、六月一三日に旧海軍司令部壕の司令官室にて、大田實司令官（少将）らが自決した。『戦藻録』には、六月六日に大田からの決別の電報があり、一二日には連絡が途絶えたと記されている。

五月二九日、豊田に代わり小澤治三郎（中将）が海軍総司令長官に就任すると、第六航空軍が連合艦隊司令長官の指揮下から外れることになったが、第五航空艦隊は、第六航空軍の第一〇次航空総攻撃に策応して六月三日から菊水九号作戦を実施した。その後も第五航空艦隊司令部は、梅雨に悩まされつつも六月二一日、二二日に菊水一〇号作戦を決行。第六航空軍も幾度か第三十二軍への武器等の投下を試みていた。一方、第三十二軍は、一九日に決別の電報を送信後、二二日あるいは二三日に牛島満司令官らが自決し、沖縄における組織的な地上戦、そして天一号作戦は終焉を迎えることになった。

ただし、残存兵による戦闘は一部で続き、沖縄での降伏文書が調印された九月七日以降も投降しない兵士が少なからずいたという。また、九州の航空部隊も、小規模ながら八月一五日まで沖縄方面への航空特攻を継続していた。

4 地下壕がつなぐ歴史

※相互につながる地下壕

以上のように沖縄戦は、地上戦は第三十二軍が主体となり、沖縄方面根拠地隊がその指揮下に入るかたちで展開され、一方の南九州からの特攻を中心とする作戦は、連合艦隊司令部の指揮下において、第五航空艦隊を中心に第六航空軍や第八飛行師団が策応・協力するかたちで進められた。特攻作戦に関しては、連合艦隊司令部と第五航空艦隊司令部、そして第六航空軍が参謀を相互に派遣するなどして緊密に連絡を取り、連合艦隊司令長官をはじめ主要な役職が鹿屋に集結することもしばしばであった。地上戦と特攻作戦との関係においては、持久戦を志向する第三十二軍と決戦を志向する連合艦隊司令部との思惑の違いからさまざまな混乱が生じていたものの、多くの場面において策応・協力・支援といった関係がみられたことも確かである。

日吉と鹿屋の距離は約九三〇キロ、鹿屋と首里の間は約六四〇キロ、日吉と首里は約一三五〇キロにもなる。それぞれ遠く離れてはいるが、連合艦隊司令部と第五航空艦隊司令部は電話で連絡を取り合っていたほか、頻繁に人も行き来していた。一方、沖縄との連絡は、すでに人の往来が困難になっていたため、ほぼ全てが電信で行われていた。

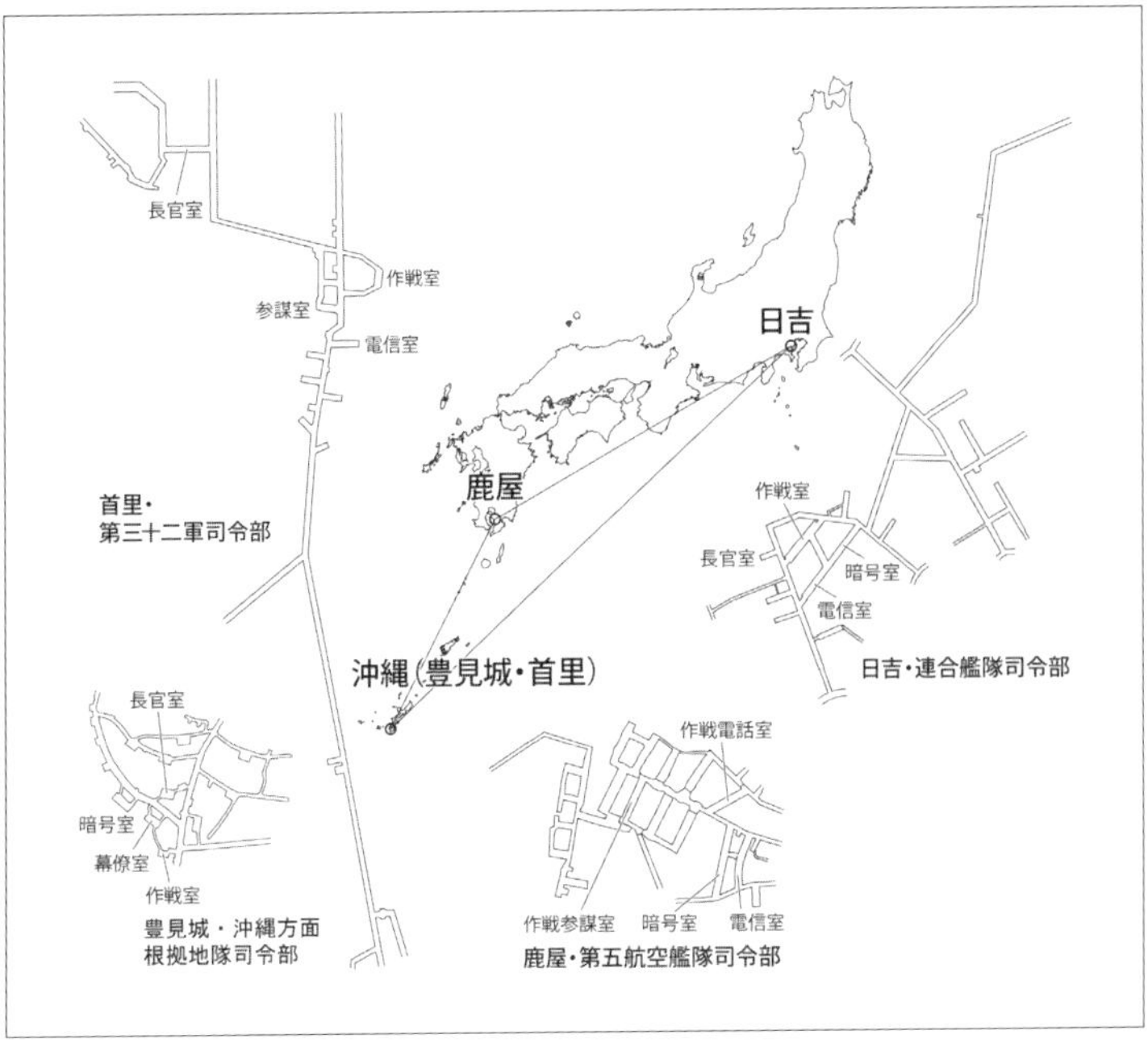

図３　沖縄戦でつながっていた４つの地下壕

電信は地上と電離層との間で反射する短波帯を利用するため、小さな出力でも遠方との通信が可能になる。また関係各所への同時連絡も行いやすい。そのため、大本営を含む各司令部から各方面に発令される命令、指示等、そして各部隊からの戦況報告や具申等の連絡は、電信で行われるのが基本となっていた。もちろん、電信は受信機さえあれば誰でも受信が可能である。そのため電報は暗号化されていたが、当時、米軍はすでに大日本帝国陸海軍の暗号解読に成功していたため、多くの作戦内容が筒抜けの状態になっていた（「暗号史料に見る沖縄戦の諸相」）。

『電報綴（南西諸島）』に収められているのは当時の電報全体からすれば一部に過ぎない。それでも、そこに収録された二一〇〇通あまりの電報からは、沖縄の第三十二軍司令部と沖縄方面根拠地隊司令部、本土の連合艦隊司令部と第五航空艦隊司令部、そして関連する数多の部署・部隊が、相互につながっていた様子をうかがい知ることができる。

第三十二軍、沖縄方面根拠地隊、連合艦隊、第五航空艦隊の各司令部が使用していた地下壕は、公開されているのは沖縄方面根拠地隊のもの（旧海軍司令部壕）だけであるが、それぞれ紆余曲折を経て現在も入坑可能な状態で残っている。それぞれに設けられた電信室、暗号室、作戦室、参謀室、長官室などは、沖縄戦をめぐる電報のやり取りで相互に結びついていた。沖縄から遠く離れていたとはいえ、第五航空艦隊司令部壕や連合艦隊司令部地下壕は沖縄戦の一部であり、本土において最も沖縄の戦場に近い場所だったのである。（図3）

※沖縄戦の犠牲者

沖縄戦は、多数の沖縄住民が犠牲者となった戦いであった。その死者数をめぐっては、戸籍簿の焼失もあって正確に算出することは難しいとされるが、そのなかで、いわゆる公式の数字とされるものに、沖縄県生活福祉部援護課が集計し一九七六年に発表した「沖縄戦戦没者数」（図4）がある。ただ、そこには多くの推定・仮定が含まれており、そもそもが「戦傷病者戦没者遺族等援護法」適用者を確定するための調査だったため、同法の適用見込みのない方々の調査が十分でないなど、さまざまな問題を含む数字であることも知っておかなければならない。

この「沖縄戦戦没者数」では、日米合わせて二〇万六五五六人の方々が沖縄戦で亡くなったとされる。このうち米軍側は一万二五二〇人、大日本帝国側は一八万八一三六人である。大日本帝国側の内訳は「本土兵」六万五九〇八人、「沖縄県出身軍人軍属」二万八二二八人、「戦闘参加者」五万五二四六人、「一般住民」三万八七五四人（推定）である。「沖縄県出身軍人軍属」には、軍人として鉄血勤皇隊や学徒通信隊、軍属としてひめゆり学徒隊などの学徒隊が含まれており、「戦闘参加者」には、集団自決や軍に壕を追い出されての犠牲、スパイ嫌疑による斬殺などが加えられている点に注意が必要である（「沖縄戦における戦死者数について」）。

　ちなみに一九四四年一二月における沖縄県の総人口は五九万二六四人とされる。うち地上戦の舞台となった沖縄諸島の人口は四九万一九一二人、そこから本土や台湾に疎開していた約六万二〇〇〇人を減じると、およそ四三万人となる。第三十二軍高級参謀の八原博道によると、「応召して島外各方面の野戦軍に従軍しある者約三万」とあるため（『沖縄決戦』）、この分を差し引いた数が沖縄戦開始当初の沖縄諸島の人口となる。「沖縄戦戦没者数」による沖縄県民の死者数の合計は一二万二二二八名である。ここには先島諸島の死者も含まれているものの、一方で調査から漏れた人々も少なくない。とすれば、当時の沖縄諸島住民のおよそ三割あるいはそ

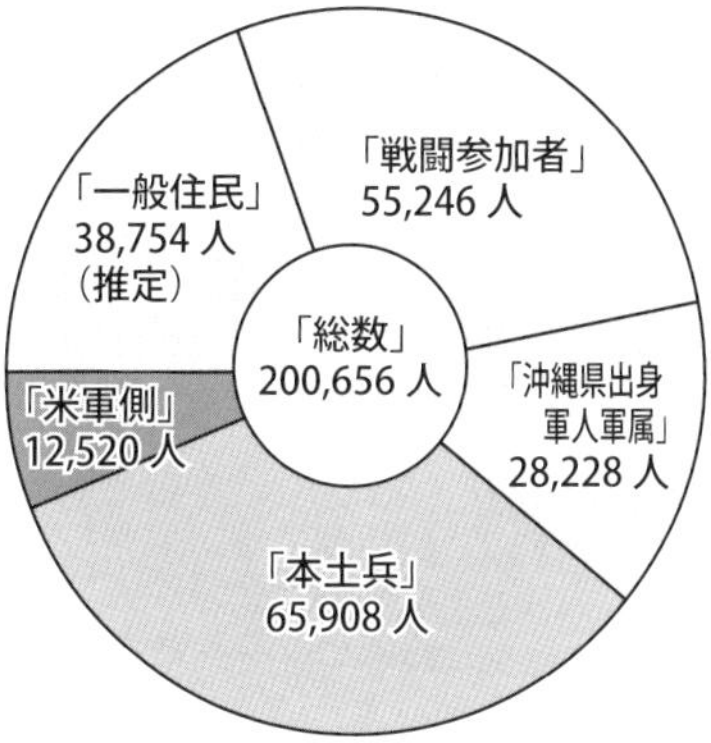

図４　沖縄県援護課による沖縄戦戦没者の集計

れ以上が犠牲になったことになる。

他方、軍人軍属の死者は、「本土兵」と「沖縄県出身軍人軍属」とを合わせると九万四一三六人になる。沖縄戦初頭に沖縄諸島に配属されていた軍人軍属の正確な数も不明であるが、八原は「沖縄防衛軍約十万」と記しており（『沖縄決戦』）、林博史も「沖縄本島とその周辺における日本軍は九万名から十万名」（『沖縄戦が問うもの』）と推計している。つまり地上戦での軍人軍属の死亡率は九割以上に上っていたことになる。

約一〇万人の軍人軍属のうち、徴兵検査を受けて召集され、第三十二軍に配属された沖縄県出身の軍人は約一万人だったとされる。一方で「沖縄県出身軍人軍属」の死者数はそのおよそ三倍に上っていることから、死亡した「沖縄県出身軍人軍属」の大半が、そのほかの道筋で召集・動員されていたことが分かる。沖縄戦では、第三十二軍が「戦力の自力増強」（『沖縄決戦』）を徹底して進めていた。一九四五年二〜三月に、一七歳（一部一四歳）から四五歳までの男性二万数千人が、陸海軍の防衛招集規則に基づいて召集されたほか、中学校や実業学校の男子生徒二二八三人も軍人として動員された。彼らは法令上の手続きを踏まずに動員されることも多かったようである。また、一五歳から一九歳の女学生五〇〇人以上も、補助看護婦などの女子学徒隊として動員されている（『沖縄戦が問うもの』）。

沖縄戦では、このように第三十二軍が住民を根こそぎ動員する方針で持久戦に臨んだだけでなく、残った人々の避難・疎開もほとんど進まなかったために、多くの住民が米軍の猛攻に晒され、日々犠牲者数が膨らんでいった。また教育現場や報道において、米兵の恐ろしさや野蛮さが繰り返し強調されていたことで（『容赦なき戦争』）、住民たちの間に捕虜になれば末代にまで禍根を残す辱めを受けることになるとの思い込みが広まっていた。そのため沖縄の住民たちは、地上部隊が全滅したり部隊から取り残されると、集団自決の道を選ぶことが多かった。地上部隊も、同様の思い込みを持っていただけでなく、住民による情報漏洩への警戒もあって「軍官民共生共死」を謳《うた》っており、それが集団自決の犠牲を一層拡大することになった（『沖縄戦 強制された「集団自決」』）。

一方、この「沖縄戦戦没者数」には、連合艦隊司令部が中心となって展開していた特攻作戦の死者はカウントされていない。また、米軍による南九州の航空基地への攻撃の犠牲者も含まれていない。沖縄戦における航空特攻作戦による死者数についてはさまざまな数字があるが、『特別攻撃隊全史（第二版）』では三〇六八人となっている。また、第一遊撃部隊の海上特攻の死者数については、『戦史叢書 沖縄方面海軍作戦』によると三七二一人とされる。そして航空基地爆撃の死者は、佐藤宏一の『戦死者日暦』などを参照すると、五月中旬までに約二五〇〇人に達していたことが分かる。これら九〇〇〇人以上も、沖縄をめぐる日米の攻防の犠牲者だったことになる。

※終わらなかった戦争の物的証拠としての四つの地下壕

絶対国防圏の一角であるサイパン島が陥落したのは一九四四年七月である。その直後、連合艦隊司令長官の豊田副武は、米内光政海軍大臣に「今年いっぱい保てるか？」と問われ、「極めて困難だろう」と答えたという(『最後の帝國海軍』)。この時点で軍中枢の多くが、もはや戦争を勝利に導くことは不可能と認識していたと考えていい。それでも戦争は一撃講和への望みのもとで継続され、フィリピン戦へと突き進んでいった。

フィリピン戦では、玉砕や特攻といった無謀な作戦による死者数の急増もさることながら、西太平洋の制海権・制空権を失ったことで、フィリピンだけでなく各地に展開していた部隊の孤立化も一層進み、餓死・病死による兵士の犠牲が拡大していく。最終的なフィリピン戦における死者は、軍人軍属六三万三六〇〇人のうち四九万八六〇〇人に達し(『戦史叢書 捷号陸軍作戦〈2〉ルソン決戦』)、厚生労働省によるフィリピンの「戦没者概数」は五一万八〇〇〇人となっている(「地域別戦没者遺骨収容概見図」)。対する米軍の死者は約一六万人であるが、一方でアジア・太平洋戦争中に犠牲になったフィリピン人は両軍の倍以上、一一〇万人に達するとも言われている(「フィリピンにおける戦争記念碑と記念式典」)。

他方、一九四四年一一月二四日から始まった本土の空襲による犠牲者は、敗戦までに四五万八三一四人に上り、うち八割近くが沖縄戦開始以後の死者だという(『本土空襲全記録』)。そして沖縄戦では、本来なら戦闘に参加するはずのなかった住民を含む、約二〇万人が三カ月の間に命を落としていた。

吉田裕によると、アジア・太平洋戦争の大日本帝国国民の死者三一〇万人のうち、約九一%が一九四四年以降の死者であるという(『日本軍兵士』)。佐藤宏一は、約半数の一五五万人が一九四五年の二二七日間で亡くなったと推定している（『戦死者日暦』）。沖縄は本土決戦のための捨て石にされたと言われるが、敗戦が確定的となってからの大日本帝国国民の死者は、ある意味で全員が戦争を継続したことによる犠牲者なのであり、とても実現可能とは思えない講和のための捨て石だったと言うことができるはずである。

日吉の連合艦隊司令部地下壕、鹿屋の第五航空艦隊司令部壕、そして沖縄の沖縄方面根拠地隊司令部壕と第三十二軍司令部壕は、それぞれが、こうした膨大な数の捨て石を打ち続け、同時に膨大な数の大日本帝国以外の市民の犠牲者をも出し続けた、終わらなかった戦争を指揮していた舞台である。連合艦隊司令部地下壕と第五航空艦隊司令部壕は、苛烈な地上戦が展開されていた沖縄と電信で繋がっており、数多の電報が送られてくるその先では、住民を巻き添えにしながら日々犠牲者が増え続けていた。

また南九州においても、特攻作戦と米軍による空襲で毎日のように多くの人々が亡くなっていた。敵から攻撃を受けても作戦の指揮・命令が可能なようにと地中深くに構築されたそれぞれの地下壕は、講和実現のために膨大な数の捨て石を打ち続けることを選択した、大戦末期の大日本帝国の姿を象徴する物的証拠なのである。

■おわりに—四つの地下壕で考える

大日本帝国は、これだけの捨て石を打ち続けて何を護ろうとしていたのか。この問いに対しては多くの方が国体と答えるだろう。では国体とは何か。

一九三七年に文部省が編纂した『國體の本義』によると「大日本帝國は、萬世一系の天皇皇祖の神勅を奉じて永遠にこれを統治し給ふ。これ、我が萬古不易の國體である」とある。「万世一系」という歴史に裏打ちされた天皇親政の国家体制である。『國體の本義』では、日本は天皇と臣民が一体となった「和」を軸とする「没我一如」の「一大家族」とされ、中国やインドの「東洋文化」の優れたところを「摂取醇化《じゅんか》」しつつ長く「安寧平静」の道を歩んできたのであって、明治維新以降急速に流入した「欧米近代文化」に対しても、「個人主義」「自由主義」「民主主義」「共産主義」などが露呈してきた諸問題を超克すべく、優れたところを「摂取醇化」して「新しき日本文化を創造し、進んで世界文化の進展に貢献《こうけん》する」ことが「國民の使命」と主張される。こうした考えが八紘一宇《はっこういちう》を軸とする大東亜共栄圏の構想につながっていくのである。

アジア・太平洋戦争の被害や犠牲はまさに人知を超えた規模に達しており、それらは戦後八〇年を経ようとしている今日においても、国内外の戦後補償問題や米軍の基地問題をはじめ未解決の多くの問題に結びついている。また、今なお語られていない、加えて語ることができずにいるうちにかき消されていった被害や犠牲も膨大な数に及んでいるはずであり、それらの痕跡が、今も何らかのかたちで我々の世界に残っている可能性にも目を向けなければならない。このようなさまざまな問題・課題に真摯に向き合うためには、これまでのように、被害と犠牲に対する責任の所在を明らかにしていく取り組みが必要であることは言うまでもないし、そこにおいて国体を基軸とする大日本帝国の統治の問題点を掘り下げていかなければならないのは当然である。

一方、戦後、急速に民主主義に馴染み、飛躍的な復興と発展を遂げた日本国において、大日本帝国の国体は、すぐさま後進的で独善的な思想として見なされるようになった。今では一部の人々を除き顧みられること自体が少なくなっており、仮に国体を取り上げたとしても、圧倒的多数の日本国民は、もはや同じ轍を踏むことなどないと信じて切っていると言ってもいい。さまざまな問題が残っているとしても、あくまでそれは清算された過去のことと考える人が多いように思われる。

しかし、例えばこの国体という言葉を、正義に置き換えてみたらどうだろうか。歴史・伝統・文化・国民性、あるいは未来・幸福などでもいい。教育や情報統制に方向付けられていたとはいえ、当時の大日本帝国国民の多くは、本土決戦という瀬戸際に立たされながらもなお大日本帝国の正義を信じていたのではなかろうか。加えて歴史・伝統・文化・国民性に誇りを持ち、自分たちの正義こそが幸福な未来をもたらしてくれるものと考えていたのではなかろうか。

我々が大日本帝国の国体について、そしてそれを護るために犠牲になった膨大な数の捨て石について考えることの意味は、不正義の実態を暴くことだけではないはずである。「ただ西洋的な自然な〈理性〉を平和的に拡張するために警察力を使ってあまたの〈悪の帝国〉と戦い、それを封じ込め、転向させようとしているだけであるかのように振る舞うとしたら、それは最悪の方向である。自分たちが近代的だといまだに信じている人々は往々にしてそうした過ちを犯す」（『諸世界の戦争—平和はいかが？』）。これは、二一世紀のさまざまな学問分野に大きな影響を与えているアクターネットワーク理論の提唱者、ブリュノ・ラトゥールの言葉である。

大日本帝国の過ちとして我々が真摯に向き合う必要があるのは、間違った正義を振りかざしたことだけではなかろう。それ以上に、唯一の正義を拡張しようとしたことに目を向ける必要があるのではないだろうか。それは、世界に分断と対立が拡がり、再び世界規模の戦争の危機が叫ばれるようになってきた今日において、我々が自分たちとは異なる正義に真摯に耳を傾けることができているか、を問う姿勢にもつながる。

日吉、鹿屋、沖縄に残る四つの地下壕は、唯一の正義のために、膨大な数の捨て石を打ち続けながら戦争を続けた場所である。正義と正義の衝突である戦争は、一度起こってしまえば自らの正義を譲り得ないものにする。

地下壕で考える――それは我々自身、そして現在を見つめ直すことでもあるのである。

◆引用・参考文献

・安藤広道『慶應義塾大学日吉キャンパス一帯の戦争遺跡の研究Ⅱ』慶應義塾大学文学部民族学考古学研究室、二〇二〇年
・一ノ瀬俊也『特攻隊員の現実』講談社現代新書、二〇二〇年
・宇垣纒『戦藻録―宇垣纒日記』明治百年史叢書、原書房、一九六八年

・NHKスペシャル取材班『本土空襲全記録』戦争の真実シリーズ①、角川書店、二〇一八年
・大城将保「沖縄戦における戦死者数について」『沖縄史料編集所紀要』第八号、沖縄県沖縄史料編集所、一九八三年
・鹿屋市平和学習ガイド・調査員連絡会『永遠の平和を願って—戦争体験集1』二〇一七年
・厚生労働省「地域別戦没者遺骨収容概見図」
https://www.mhlw.go.jp/stf/seisakunitsuite/bunya/0000144250.html　最終閲覧：二〇二三年六月三〇日
・下本地光二「建設を指揮した地下壕の中で死地に赴く特攻隊員に手を合わせた」『広報かのや』№二七九、鹿屋市、二〇一七年
・佐藤宏一『戦死者日暦』文芸社、二〇二〇年
・情報局『寫眞週報』第三七一號、一九四五年
・ダワー，ジョン・W『容赦なき戦争』平凡社ライブラリー、猿谷要監修・斎藤元一訳、二〇〇一年
・（公財）特攻隊戦没者慰霊顕彰会『特別攻撃隊全史（第二版）』二〇二〇年
・豊田副武『最後の帝國海軍—軍令部総長の証言』顔叢書第五輯、柳沢健編、世界の日本社、一九五〇年
・林博史「暗号史料に見る沖縄戦の諸相」『史料編集室紀要』第二八号、沖縄県教育委員会、二〇〇三年
・林博史『沖縄戦 強制された「集団自決」』歴史文化ライブラリー二七五、吉川弘文館、二〇〇九年
・林博史『沖縄戦が問うもの』大月書店、二〇一〇年
・防衛庁防衛研究所戦史室『戦史叢書 沖縄方面海軍作戦』朝雲新聞社、一九六八年

・防衛庁防衛研究所戦史室『戦史叢書 沖縄方面陸軍作戦』朝雲新聞社、一九六八年
・防衛庁防衛研究所戦史室『戦史叢書 沖縄・臺湾・硫黄島方面海軍航空作戦』朝雲新聞社、一九七〇年
・防衛庁防衛研究所戦史室『戦史叢書 捷号陸軍作戦〈2〉ルソン決戦』朝雲新聞社、一九七二年
・防衛庁防衛研究所戦史室『戦史叢書 大本營海軍部・聯合艦隊〈7〉』朝雲新聞社、一九七六年
・防衛庁防衛研究所戦史室『戦史叢書 沖縄方面海軍作戦』朝雲新聞社、一九六八年
・ホセ，リカルド・トロタ「フィリピンにおける戦争記念碑と記念式典―踏査的観察」『フィリピンと日本の戦後関係 歴史認識・文化交流・国際結婚』リディア・N、ユー・ホセ編、佐竹眞明ほか訳、明石書店、二〇一一年
・文部省『國體の本義』一九三七年
・八原博通『沖縄決戦―高級参謀の手記』読売新聞社、一九七二年
・吉田裕『日本軍兵士―アジア・太平洋戦争の現実』中公新書、二〇一七年
・ラトゥール，ブリュノ『諸世界の戦争―平和はいかが？』工藤晋訳、以文社、二〇二〇年

VI

教育資源としての日吉台地下壕

阿久澤　武史

1 教育資源から教材へ

日吉台地下壕の研究・教育資源としての可能性は、それが大学のキャンパスにあるということで他の多くの戦争遺跡とは異なるものとなる。二〇〇八年九月、新体育館（蝮谷《まむしだに》体育館）建設工事で、航空本部等地下壕の出入り口が発見された。その保存方法に関して諮問委員会がまとめた答申は、研究・教育資源としての日吉台地下壕の可能性を提言するものでもあった（本書「I 日吉台地下壕の概要と研究史」参照）。その末尾は次のように結ばれる。

> 地下壕の調査・研究が進み、その活用の体制が整備されてくれば、近現代史研究のみならず、歴史教育、平和教育に対する慶應義塾独自の取り組みが可能になってくるはずである。そうした教育研究活動の成果が、未来を先導する塾生へと受け継がれていくとともに、日吉台地下壕が、現在そして未来の塾生にとって卒業後も慶應義塾とのつながりを実感しうる場となっていくことを期待するものである（「日吉台地下壕に関する諮問委員会答申書」）。

「答申」から一〇年以上が経ち、教育に関して言えば、日吉台地下壕はもはや「教育資源」の段階を過ぎている。キャンパスに残る戦争遺跡をどのように「教材」として活用するのか、「慶應義塾独自の取り組み」とは何か、その具体的な方法が求められている。

　連合艦隊司令部地下壕の見学は、慶應義塾の許可のもと日吉台地下壕保存の会（以下、保存の会）によって実施されている。一般向けの定例見学会は原則として月に二回行われ、その他に研究・教育を目的とする学校等の見学も行われている。二〇一八年度の見学会実施総数は定例を含めて四八回、参加人数はのべ二七三二人、このうち学校関係は小学校五校、中学校一校、高校三校、大学二校で、計八六八人であった。二〇〇八年度は実施回数五四回、参加人数のべ二二四三人、うち小学生から大学生までの見学者は八二三人で、この一〇年で学校関係の見学者は確実に増えている。

　二〇一八年の小学校五校はすべて近隣の学校で、六年生の社会科（歴史）の単元に関連して、自分の生活の身近な場所で戦争を考えることや、地域の歴史を学ぶことを目的としている。中高校の場合は、広島・長崎への修学旅行の関連学習も多く、修学旅行の一環として県外から訪れた学校もある。やはりその多くが戦争や平和についての学びを目的としている。

　日吉台地下壕を「教材」としてとらえる場合、大切なのはその教育目的と教育内容である。地下壕に入り、そこを実際に歩くことで、何を感じ、何を考えるのか。それが歴史教育であろうと平和教育であろうと、入口は同じであり、学習の目的はおそらく変わらない。

2 見学会の三つの柱

慶應義塾高校（以下、慶應高校）は、大学と同じキャンパスにある。その校舎（第一校舎）は戦時中に軍令部第三部によって使われ、戦後は米軍に接収され米兵の宿舎として利用された。いわば校舎そのものが戦争遺跡であり、その足元には複数の地下壕がある。生徒は戦争遺跡の中で学び、戦争の痕跡や記憶と隣り合わせの環境の中で学校生活を送っていることになる。

慶應高校では地下壕見学会を年に数回実施している。希望者のみの課外プログラムとして行う場合と、授業内で行う場合がある。（写真①）二〇一五年から始め、この年は年間一〇回、のべ二六二人の生徒が参加した。ガイドは保存の会に依頼し、一般向けや他の学校の見学会とほぼ同じ内容になっている。まず教室でキャンパスの歴史や地下壕の概要、歴史的背景、見学する際の注意点などの説明を受ける。続いてフィールドワークに移る。参加人数は概ね三〇名程度、これを少人数のグループに分け、ガイドの説明を聞きながら歩く。地上の施設（第一校舎・チャペル・耐弾式竪坑・寄宿舎）の外観を含め、所要時間は約二時間半で、最後に感想文の提出を求めて終了となる。授業内で行う場合は、授業時間にあわせて複数回に分ける。慶應高校の見学会で特徴的なのは、上原良司の「所感」を読むことである。

地下壕見学には三つの柱がある。一つはガイドが歴史的背景や事実をできるだけ客観的に伝えること、見学者はそれを〈知ること〉である。次に自分の足で歩き、地下壕の長さや大きさ、暗さや独特の空気の中で何かを〈感じること〉である。そしてそれらを踏まえて〈考えること〉である。もちろんこれは地下壕に限らない、地上の施設やキャンパスの景観、かつてそこにいた人々が残した言葉なども、現在と過去をつなぐものであり、〈知ること〉〈感じること〉〈考えること〉の対象になりうる。ここではその実践例として、慶應高校の授業内での見学から生徒の感想を紹介したい（二〇二一年一〇月二八日に実施、高校一年三クラスで計一一四名）。

壕内に入った印象としてほとんどの生徒が口にするのは、その大きさ（長さ・広さ）についてである。排水や通気、工法や照明など、設備や技術に関心を示す者も多い。壕内は明かりを消せば真っ暗になる。

①高校生の地下壕見学会（日吉台地下壕保存の会提供）

・地下壕の暗闇の中に入ると自分の安易なイメージは大きく変わった。ダイレクトに戦争の風景を映し出していた。

・歴史の重み、戦時下の日本、私がそこにいるような錯覚、肌で感じ、自分の感覚で、自分の目で、耳で受け取った情報は、普段の教室で学ぶことができない。

授業で戦争について学ぶことはあっても、実際に戦争で使われた施設を見学する機会はほとんどない。戦争遺跡は博物館や展示資料館よりも戦争の現場をリアルに感じ取れる場所である。ここには一〇代の少年兵もいた（本書「II 日吉の帝国海軍」参照）。この事実も生徒の感受性を強く刺激する。

・自分と同じか年下くらいの人たちが、戦争のために辛い環境に耐えていた。特攻機からの通信音を聴く。自分なら耐えられないだろう。

他者に対する想像や共感は、自分自身の問題に引きつけて考える窓を開く。それは日常の生活を相対化することでもある。いま学んでいるこの場所は、かつて空襲の被害を受けた。

・今回地下壕を見学して、普段当たり前に通っている日吉に、当たり前でない戦争の被害があったことを知って、普段の当たり前をあらためて実感した。戦争の当事者はとても遠い存在だが、少しでも知り、それを伝えていきたいと思う。

自分の日常の時間は、過去にここであった出来事と切れ目なく連続している。「戦時中に防空壕に入った祖母と、戦争について話そうと思った」と書いた生徒にとって、「戦争の当事者」はもはや「遠い存在」ではない。この場所で戦争を知り、感じ、考えることは、その先にある〈伝えること〉〈語り合うこと〉につながっていく。

日吉は戦争を指導し、命令を発する者たちがいた場所であった。このことは連合艦隊司令部地下壕に象徴されるキャンパスの戦争遺跡の特質を決定づけている。
・前線で命をかけて戦っている人たちがいる中で、地下壕という安全で快適な場所で指示を送っていた人がいたというのは、考えさせられる事実だと思った。
・物事を多角的に捉えることの重要性を学んだ。今まで戦争について学んできたことは、ほとんどが兵士・戦場に立つ者からの視点だった。だが今回のフィールドワークでは、司令部の側、指揮を執る者からの視点だった。どちらか一方だけを捉えようとすると、偏狭な思考に陥ってしまう気がした。戦争後期に起こった数々の悲劇は、この日吉台地下壕の司令部から行われたと考えると感慨深いものがあった。このような悲劇を繰り返さないように、僕たちはこの歴史と地下壕の将来を受け継がなければならないと感じた。

連合艦隊司令部が日吉に来たのは一九四四年九月であった。それから敗戦までの約一年は、市民を含めた戦争の犠牲者が急激に増えていった時間と重なる。戦局が悪化の一途をたどる中で、なぜ戦争を続けたのか、なぜもっと早くやめることができなかったのか。

この場所で考えなければならないことの核心は、おそらくそこにある。

3 生きている遺産

戦争遺跡は言葉をもたないモノである。地下三〇メールで静かに眠る冷たいコンクリートの遺構に言葉を与えるのが見学ガイドの役割である。見学者はそれに導かれながら自分自身の言葉を探し、考え始める。ガイドがどのような立ち位置で、歴史上の何をどのように伝えるのかということが、見学会では重要な意味をもつ。保存の会では毎年「ガイド養成講座」を開講し、学びをさらに深めるための「ガイド学習会」も継続して行っている。保存の会の活動のひとつに戦争体験者からの聞き取りがある。かつて壕内で軍務についた兵士、軍属として日吉の海軍に勤務した理事生、空襲の被害を受けた地域の住民、そうした人たちと出会い、交流を深めながら、記憶の点と点をつなげる作業を続けてきた（本書「Ⅱ 日吉の帝国海軍」参照）。

近年は戦争体験者から話を直接聞くことが難しくなり、十代、二十代の若者にとっては、なおのことその機会が少なくなっている。戦争の記憶を語る主体が「人」から「モノ」へと移る中で、戦争遺跡の重要性が話題にのぼることも多い。日吉台地下壕の場合は、ガイドが戦争体験者の記憶の継承を担い、語られた言葉とその背景にある思いを若い世代に伝えている。これもまた「教育資源」の中に含まれると考えてよいだろう。

前述したように、慶應高校の地下壕見学会では上原良司の「所感」を読む。地下作戦室の暗闇の中で、懐中電灯の光に照らして朗読することもある。二〇二一年度には高校一年の国語の授業で、教室で「教材」としてそれを初めて読んだ。教科書（『精選国語総合』新訂版、大修館書店）の評論「技術としての『教養』」（鷲田清一）に関連させて、戦前の大学にあった「教養主義」について考える補助教材としてである（筆者担当の三クラス）。「所感」は現在、特攻で戦死した学徒兵の代表的な遺書として読まれている。これを丁寧に読んでいくと、生徒はいくつかの点で引っ掛かり（疑問）を感じる。授業では、よく知られた次の一節、「明日は自由主義者が一人この世から去って行きます。彼の後姿は淋しいですが、心中満足で一杯です。」を特に問題にした。

・「彼」と表現されていることから上原が自身を客観的に見ていたことがわかる。そこから彼の全体主義に最後まで屈しない様子、人の尊厳を主張し続けることのできた信念の強さを想像することができる。しかし上原は権威主義体制にのみ反発しており、日本が祖国であることに誇りを持っていたので、さぞ複雑な心境だったと思われる。

・辛さの中で心中満足でいられる理由。それは学びによる自身の考える自由主義への自信から来るものだろう。学生時代の学びが彼の心の基礎を作り、考えを貫いた誇りから来るのではないか。「彼」と三人称視点であることからも、自信があるからこそ自分を冷静に見つめ直せるのだろう。

「所感」では、二二歳の青年の内面にあった理想と現実、その矛盾がそのままに表現されている。全体主義と自由主義、組織（軍隊）と個人、抑圧（従順）と自由（反抗）の間で揺れ動く自我、何より彼は学徒出身の士官であり、軍人であるとともに学生でもあった。自由主義的（教養主義的）な慶應義塾の気風の中で、〈考える〉習慣を身につけ、〈考える〉ための言葉をもっていた彼が、「明日」の確実な死を前に書き遺した言葉は、学校で〈学ぶ〉ということの本質的な意味を問いかけるものでもある。生徒が書くように、それは「人の尊厳」や「心の基礎」というものに深く関係しているのかもしれない。

上原は一九四一年四月に慶應義塾大学経済学部予科に入学し、第一校舎で授業を受けた。いま同じ校舎で学ぶ生徒にとって、決して自分自身と無関係な存在ではない。一九三四年五月に日吉キャンパスが開校し、「理想的学園」はこの校舎から始まった。戦時中に海軍が入り、戦後は米軍に接収されたが、学びの場として現在もなお同じ目的で使用されている。

第二校舎、チャペル、寄宿舎、陸上競技場など、キャンパスには同じように戦争の時代に翻弄されながら、竣工当時と同じ用途で使われ続けている建物や施設が残っている。これらはいわゆる「リビング・ヘリテージ」（生きている遺産）である。自分が学ぶ校舎の歴史を知り、そこにいた人々の人生に思いを馳せ、愛着をもって大切に使い続けようとすることで、それは未来に向けて「生きていく」遺産となる。

慶應義塾には上原の他にもたくさんの言葉が戦争に関わるアーカイブとして残されている。その中には学生を戦場に送り出した教員の言葉も含まれる。古い歴史的建造物としての校舎や施設が、形のある遺産であるとするならば、残された言葉や思いは形のない遺産である。そうした有形無形のモノや言葉に向き合い、大切に扱い、教育の場で活用し続けることで、それらはすべていまに「生きる」ものとなる。

4　「日吉」から考える

慶應義塾大学教養研究センターでは、二〇一九年度から大学の半期の授業として「日吉学」を開講している。二〇年と二一年度は日吉と戦争をテーマに、専門を異にする複数の教員が協働で授業を展開した。日吉台地下壕を中心にキャンパスの歴史と戦争との関わりを振り返ることから始め、地質学の観点から地下壕が築造できた理由を探り、生物学の観点からキャンパスの自然と景観の変遷をたどった。コロナ禍ではあったが対面授業にこだわり、地下壕や地上の見学を含む複数回のフィールドワークを行った。後半は対象を日吉と関係の深い沖縄や鹿屋の司令部地下壕に広げ、沖縄戦や航空特攻について検証した。グループワークやプレゼンテーションを通して学生相互の学びを深め、その成果をレポートにまとめた。このように「日吉学」は、「日吉」という場を起点にし

て文系理系の知見と方法論が交差し、総合的で学際的な共同研究の可能性を拓いている。（写真②）

教員の専門分野は歴史学・考古学・政治学・地理学・文学・地質学・生物学と多種多様であり、すべての学部の学生が履修でき、授業には大学生だけでなく慶應義塾で学ぶ高校生、大学院生も参加できる。講師には学外の専門家の他に、保存の会の市民ガイドも加わり、地元企業からの支援も受けている（コーエーテクモホールディングス寄附講座）。日吉台地下壕は、単に大学における研究・教育の対象であるだけでなく、所属や学年、年齢や世代、専門分野などの垣根を超えて、ともに考え、語り合う場として、「教育資源」の可能性の幅を広げている。

②「日吉学」でのグループワーク（筆者撮影）

慶應高校では、二〇二〇年度の二年生の英語で『Great Peacemakers』（邦題『平和をつくった世界の二十人』）を読み、「非暴力」「多様性」「地球環境」などについて考えたクラスがあった。「戦争を全く知らない自分たちは、平和の重要性、あるいは戦争状態にあることでどのような苦しみが生まれるのかということは、正直なところまったく想像がつかない」という意見が生徒からあり、体験学習として地下壕見学を行った。その中に次のような感想があった。

＝・今回の見学を通して、やはり戦争は二度と起きないようにしなければならないと感じた。しかし、だからこそ、戦争のことについてより深く学び、考えなければならないと思う。現在のこの国は重度の戦争アレルギーであり、戦争のことについて自ら進んで学習することは憚られる雰囲気がある。戦争の苦しみは他人事ではない。戦争を深く学べば学ぶほど当時の苦しみを追体験する。それはとても辛いことだと思うが、それでも平和はたくさんの苦しみや辛さを乗り越えた先にしか存在しないのである。「戦争」という言葉に対して脊髄反射のように拒否反応を示して聞く耳を持たないのは、ただ戦争から逃げているだけであり、平和を求める事とは違うと考える。先の大戦において多大な犠牲を払った我が国だからこそ、戦争について深く学ぶべきである。戦争を学ぶ際に伴う苦しみや辛さを乗り越えた先にこそ、子供たちに託せる未来があると感じた。

このような学びは、二〇一五年九月に国連総会で採択された「持続可能な開発目標（SDGs）」の中の「平和と公正をすべての人に」（目標16）と重なるものである。過去の戦争を「追体験」し、それを「他人事」ではなく「自分事」として考える。これは現在のみならず未来に向けて、平和な社会を築くために必要な、主体的に考える自己を形成することでもある。日吉は戦争末期の絶望的な状況の中で、戦争を指導する者たちがいた場所であった。なぜ戦争を続けたのかという問いは、なぜ戦争を始めたのかという問いにつながる。それは自分が指導者（リーダー）ならどうするか、いまの自分に何ができるのかという自分自身への問いかけにもつながっていく。

③日吉台地下壕出入り口（筆者撮影）

戦争遺跡は一般に「負の遺産」と呼ばれる。地下壕は学びの場である大学のキャンパスに本来必要のないものであり、そこに存在するはずのないものである。日吉台地下壕には戦争継続のために注いだ人間の膨大なエネルギーが手付かずのまま残されている。それが遠い過去においてのみ存在したものであるとは、とても言い切れない。現在そして未来において、人間は同じ目的のもと同じ意志で同じ行為を繰り返す可能性があるからである。だからこそ地下壕は無機的な冷たい空間としてそのままそこに残す必要がある。

壕内の見学を終えて、地下から地上に抜ける出入り口を見上げると、コンクリートの急な斜面の先に眩《まぶ》しい陽の光が射している。（写真③）そこに地上と地下、光と闇、日常と非日常の境目がはっきりと浮かぶ。人間は戦争になると地下に潜る。たとえば防空壕であり、沖縄のガマ（自然洞窟）であり、南海の孤島の洞窟である。あるいは地下の軍需工場であり、分厚いコンクリートの壁に守られた司令部であり、現代では核シェルターになるだろう。

光と闇のはざまを歩き、自分はいまどこにいるのか、この国は、世界はどの位置にあるのかを考える。自分や世界の「いま」を考える場所として、地下壕にはきわめて現在的な意味がある。

日吉台地下壕は一般公開されていない。唯一見学可能な連合艦隊司令部地下壕は慶應義塾の管理下にあり、限定的な公開の形となっている。したがって私たちは自由にそこに入ることができないのだが、そのことによっていわゆる「俗化」を防いでいる。キャンパスの戦争遺跡として、これからも研究・教育の対象であり続け、「観光地化」することはおそらくありえない。

日吉台地下壕の「教育資源」としての可能性を考えるとき、最も大事なことは、それを慶應義塾という限られた範囲にとどめてはならないということである。日吉台地下壕保存の会では近隣の小中学校の児童生徒を案内する際に、必ずその学校や地域の戦争との関わりに言及する。戦争を考える入口として、自分自身との接点を探すヒントになるからである。

地域社会に開かれた大学として、慶應義塾がキャンパスの有形無形の「教育資源」を広く公開することは当然求められていることである。そのときに単に学びの場を提供するだけでなく、ともに考え、その成果を共有する。そのことによってキャンパスに残る歴史的遺産にさまざまな光が当たり、幾種類もの「教材」が生み出されていく。戦争遺跡という「負の遺産」は、永遠に「正」に転換することはないかもしれない。しかしながら、教育の場で活用されることで、少なくともそれは学ぶために「生きたもの」であり続けると思うのである。

◇――あとがき

神奈川県横浜市港北区の慶應義塾日吉キャンパスに残された巨大な地下壕。なぜ私たちはこの地下壕を残し、ここに入るという体験を多くの人にしてもらいたいのであろうか。

その出発点は自分自身の好奇心であろう。この穴の得体の知れない暗さが、多くの人を魅了しているのは疑いようもない事実である。筆者は学生にいつも、「まず素直に興味を持ち、面白いと思って良い」、と話すことにしている。この穴で、このように感じなければならないという正解はない。なぜここに、なぜあのとき、これがこのように生み出されたのか。この穴が残っていればこそ、それを考える機会が生まれる。それを深く考えることによって、自ずと導かれるものがあるはずであろう。

日吉台地下壕が今日まで残されていることは、決して当たり前ではない。

たまたまこれを書き始めてから地下壕関係の古い書類を新たに見出した。それによると、地下壕は一九四九年のアメリカ軍によるキャンパス接収の解除以降もキャンパス構内に残された一部の米軍住宅とともに接収が継続され、一九五五年に返還された。

慶應義塾はその際、大蔵省関東財務局に「御承知の通り旧海軍が本塾の了解なく無断施設を行いたるものであり、本塾では土地利用上其後永年に亘って困却」していると記して、撤去復旧を強く求めている。

これに先立ち関東財務局が慶應義塾に対して次のように通知している。

《御承知の通り非常に窮屈な国家予算でございまして、この施設を撤去するなどはとうてい望み得ない事情におります一方、当該施設は現在でこそ利用価値がありませんが、多額の建設費を要した施設であり、今後利用の途も皆無とは謂《い》い難いので、出来れば存置いたしたいのですが如何なるものでせうか。なお貴大学において買受希望がありますなら売払処分は出来るのですが、貴方のお考えをお知らせ願いたいと存じます。（慶應義塾大学日吉事務室長宛関東財務局横浜財務部回答書、一九五五年一一月一七日付）》

現在は利用価値がないかもしれないが、多額の費用を要して建設されたもので、将来役に立つかもしれないから置いておきたい、できれば買い取ってくれという、驚くべき開き直りである。これを慶應義塾がわずか二日後に拒絶したのはいうまでもないが、見方を変えれば、この無責任な対応がなければ、私たちは今日地下壕を目にすることは出来なかった。

巨大かつ堅固な地下壕は、その後も完全なる破壊の機会をいわば逸して、中枢部分はわずかに入口を塞《ふさ》がれただけで生き延びた。しかもその封鎖は慶應義塾高校の生徒をはじめ近隣の青少年の好奇心を押しとどめるには全く不十分で、たびたび破られることとなった。

暗く重たい過去と現在とを結ぶ穴を、様々な人が様々な思いで行き交い、結果として未来に繋いできた。中でもこの地下壕を本格的に残す道を切り開いた人として、慶應義塾高校の地学教諭寺田貞治さんの存在は改めて銘記されなければならないと思う。

何の遺物も残されていない地下壕内の部屋の用途や、戦時の利用の様子が活き活きと語り継がれているのは、実に寺田さんの調査の賜であり、日吉台地下壕保存の会初代会長となる永戸多喜雄さんらと一九八五年夏に初めて入坑されてから、特に最初の数年でなされた調査の蓄積の恩恵は計り知れない。

さらに重要なのは、それが一人の特筆すべき活動で終わらなかった点である。自らも日吉の住人であった寺田さんは、地元の方々を集めて会合を重ね、関心のある人向けに見学の案内をし、会報を発行するといった活動を続け、幅広く保存と活用を訴える種を蒔き、それが続々と芽吹いてきた。日吉台地下壕保存の会会報第七号（一九九〇年七月）には、早くも関心を抱いて地下壕見学会に参加した本書共著者の亀岡敦子さんの名前が見出される。筆者も慶應高校の生徒として触発された一人で、第四〇号（一九九六年一二月）に顔を出す。さらに考古学の視点に波及して、安藤広道さんによって飛躍的に地下壕の実態解明が進み、寺田さんの後を継いだ慶應高校の大西章さんを経て、現会長の阿久澤武史さんによって、戦時の慶應義塾史の解明や教育的活用の実践が大きく広がった。慶應義塾内外の見学会が日常的な風景となり、保存の会のボランティアガイドは、多様なニーズに柔軟に対応してさらなる種を蒔き続けている。

言ってみればこの本も、この本の出版に携わった私たちも、まさに寺田さんの蒔いた種の一つの果実といえるかもしれない。


人から人へと営為が脈々と伝わっていくことは本当に難しい。一般論として、戦争の歴史に関連する活動は、しばしば理とは無縁の激しい感情的な対立を呼び起こし、本来の目的が忘却されることもしばしばである。

慶應義塾における戦争の時代の歴史の掘り起こしも、常に順調に進んだわけではなく、意見対立の場面が少なからずあったことを知っているし、筆者も穏やかに話すためには努力が必要な場面をいくつも体験している。それは保存を求める市民とそれを拒む学校当局の対立といった単純な構図ではなく、学校内外のいろいろな局面、様々な思惑が絡み合ったところに散在した。その場面場面で知恵を出し合い、時には間を置いて頭を冷やし乗り越えてきたからこそ、地下壕が限定的とはいいながらも開かれた存在としてこのキャンパスにあり続けて来られたのだ。

これはまさに永戸さんが保存の会会報第一号に記した、「きわめて穏和だが、平和への熱い想いを胸に秘めた」人々の力によるものと捉えたい。

大げさなようだが、地下壕を巡って冷静に知恵を出し合い、歩み寄ることさえもできなければ、世界の平和を求めることなど夢のまた夢なのだ。

過去の保存の会の会報を改めてめくってみると、創刊当時一手に編集を担当していた寺田さんをはじめ、関係者は決して若かったわけではないが、瑞々しい情熱に満ちているように感じられる。高校や大学という常に若い眼差しが供給される場に所在しているからこそ、常に新鮮に、また情熱的に議論の対象になりうるこの史跡は、まだまだ多くの伸び代を持ち、成長し続けるであろう。

一九五五年に関東財務局の担当官は、巨額の国家予算を投じて構築された地下壕を、「現在でこそ利用価値がありませんが」と言った。撤去を拒んだ国が苦し紛れに口にした「利用の途も皆無とは謂い難い」との判断が、皮肉にもこの、本来ならば学び舎に同居する必要がない巨大で空虚な穴による、豊かな思索の機会を与えてくれているのである。

それが最も価値を有しているのは、現在、そして未来なのではないだろうか。

本書の出版によって、慶應義塾のキャンパスの中に同居する地下壕の存在を多くの人々が知り、多くのことを考え、また何らかの行動を起こす契機になれば幸いである。

それがさらに後世への種蒔きとなり、この史跡を未来にますます「価値」あらしめることを願ってやまない。

最後に、本書の編集を担当していただいた高文研の山本邦彦さんには、最初の相談から三年の歳月を要しながらも粘り強く実現まで導いてくださったことを、執筆者を代表して心よりお礼を申し上げたい。

二〇二三年七月一五日

都倉　武之

執筆者略歴（執筆順）

阿久澤武史（あくざわ・たけし）

1988年慶應義塾大学文学部国文学専攻卒業、90年同大学院文学研究科修士課程修了。同年より慶應義塾高等学校教諭、2022年より同校校長。慶應義塾大学教養研究センター所員、福澤諭吉記念慶應義塾史展示館所員、日吉台地下壕保存の会会長。専門は古代国文学、慶應義塾史。著書に『キャンパスの戦争　慶應日吉1934－1949』（慶應義塾大学出版会）、論文に「静かな生活―戦後の折口信夫論」（『三田文学』第68号2002年）などがある。

都倉武之（とくら・たけゆき）

2002年慶應義塾大学法学部政治学科卒業。2007年同大学院法学研究科博士課程単位取得退学。2004年武蔵野学院大学助手、2007年慶應義塾福澤研究センター専任講師。2010年より准教授。専門は近代日本政治史・政治思想史、メディア史。共著に『近代日本と福澤諭吉』（慶應義塾大学出版会）ほか。2013年より「慶應義塾と戦争」のアーカイブ化を担当。近現代資料の展覧会を多く手がけ、2021年慶應義塾史展示館の立案を担当し副館長。

亀岡敦子（かめおか・あつこ）

1946年徳島県生まれ。2006年慶應義塾大学文学部（通信教育課程）卒業。戦時下の女性について研究。1991年より日吉台地下壕保存の会運営委員（現副会長）。2015年より全国戦争遺跡保存ネットワーク運営委員。これらの活動で特攻隊員・上原良司を知り研究・展示をしてきた。共著に『いま特攻隊の死を考える』（岩波ブックレット）『本土決戦の虚像と実像』（高文研）、編集協力に慶應義塾福澤研究センター『長野県安曇野市　上原家資料１』。

安藤広道（あんどう・ひろみち）

1987年慶應義塾大学文学部民族学考古学専攻卒業。92年同大学院後期博士課程単位取得。横浜市歴史博物館学芸員、東京国立博物館研究員を経て、2004年慶應義塾大学文学部助（准）教授、2012年教授。主な著書に『慶應義塾大学日吉キャンパス一帯の戦争遺跡の研究』『同Ⅱ』（慶應義塾大学民族学考古学研究室2014・2020）があるほか、『鹿屋戦争アーカイブMap』等の戦争関係の情報を公開するWebサイトの作成も行っている。

日吉台地下壕
大学と戦争

●二〇二三年 九 月 一 日――――第一刷発行
●二〇二四年 九 月二五日――――第二刷発行

著 者／阿久澤武史・都倉武之・
亀岡敦子・安藤広道

発行所／株式会社 高文研
東京都千代田区神田猿楽町二―一―八
三恵ビル（〒一〇一―〇〇六四）
電話03＝3295＝3415
https://www.koubunken.co.jp

印刷・製本／精文堂印刷株式会社

★万一、乱丁・落丁があったときは、送料当方負担でお取りかえいたします。

ISBN978-4-87498-856-5 C0021